著作权所有：© 东大图书股份有限公司

本书中文简体字版由东大图书股份有限公司授权生活·读书·新知三联书店在中国境内（台湾、香港、澳门地区除外）独家出版。

本书中文简体字版禁止以商业用途于台湾、香港、澳门地区散布、销售。版权所有，未经著作权所有人书面授权，禁止对本书之任何部分以电子、机械、影印、录音或其他方式复制或转载。

钱穆

中国学术思想史论丛

1

Simplified Chinese Copyright © 2019 by SDX Joint Publishing Company.
All Rights Reserved.

本作品中文简体版权由生活·读书·新知三联书店所有。
未经许可，不得翻印。

图书在版编目（CIP）数据

中国学术思想史论丛．1／钱穆著．—2 版．—北京：
生活·读书·新知三联书店，2019.8 （2022.11 重印）
（钱穆作品系列）
ISBN 978-7-108-06585-8

Ⅰ.①中⋯ Ⅱ.①钱⋯ Ⅲ.①学术思想-思想史-中国-文集
Ⅳ.① B2-53

中国版本图书馆 CIP 数据核字（2019）第 091374 号

责任编辑	冯金红
装帧设计	蔡立国
责任印制	李思佳
出版发行	生活·讀書·新知 三联书店
	（北京市东城区美术馆东街 22 号 100010）
网　址	www.sdxjpc.com
图　字	01-2017-8543
经　销	新华书店
印　刷	山东临沂新华印刷物流集团有限责任公司
版　次	2009 年 9 月北京第 1 版
	2019 年 8 月北京第 2 版
	2022 年 11 月北京第 4 次印刷
开　本	880 毫米×1230 毫米　1/32　印张 8.125
字　数	164 千字
印　数	13,001-15,000 册
定　价	38.00 元

（印装查询：01064002715；邮购查询：01084010542）

目　录

序　1

中国古代北方农作物考　1
中国古代山居考　36
周公与中国文化　92
读《诗经》　108
《西周书》文体辨　162
《易经》研究　181
论春秋时代人之道德精神　199

序

余少孤失学。民国初元，年十八，即为乡村小学教师。授课之暇，阅读每以报章杂志为先导。犹忆见北京大学招生广告，须先读章学诚《文史通义》，余即觅其书读之，至形梦寐间。登一楼，满室皆章氏书，并有未刊本。及余任教北京大学，果得章氏未刊文近二十篇，斯梦之验，则已逾二十年矣。梁任公胡适之皆盛推章氏，然于六经皆史一语，均不得其正解。其他章氏独识孤诣，皆少阐述。近代国人涉猎旧籍，胥不以轻心掉之，即此足以为证。尤其是崇洋蔑古，蔚为风气，美其名曰新文化运动。狂论妄议，层出不穷。余就所讥评，一一按其实情，殆无一是。韩昌黎有言，凡物不得其平则鸣，人之于言也亦然，有不得已者而后言。余之终亦不免于不得已而后言，则亦昌黎所谓不平之鸣也。既薄有撰述，络续付之剞劂。而六十年来，所为散篇论文，未收入专书，尚犹存箱箧者，兹择其有关学术思想之部分，汇为此编。名曰《中国学术思想史论丛》。自上古迄先秦为上编，秦汉迄唐五代为中编，宋以下迄今为下编。上编又分上下两集。上集迄春秋，共七篇，十万言。方民国十四、五年，余在无锡第三师范，曾草《易学三书》。一《易原始》，专论《易》卦起源，及其象数。二《易本事》，就《周易》上下经六十四卦，论其本事，而主要则在阐明易起商周之际之一传说。三《易传辨》，专辨十传非孔子作。一二两篇先成，第三篇因事搁置。抗战期间，寓成都北郊赖家园，此稿为白蚁所蚀，每页仅存插架之前面，不及一页之三分一，已无法补写。吴江沈生，在此稿草创时钞去一副本，今不知尚存天壤间否。本集收《易经研究》一篇，乃其一鳞片爪。此稿则如飞龙之在天，云汉无极，可望而不可得见矣。是亦一可怅惋之事也。

一九七六年清明节后钱穆自识于台北外双溪之素书楼，时年八十有二

中国古代北方农作物考

(一)

中国与埃及巴比仑印度,见推为世界四大文明发源地。此四大文明之发生,则莫非受农业之影响。而此四大区域之农业,群认为皆因河流灌溉之便利而引起。因此中国古代北方之黄河,遂若与埃及之尼罗河,巴比仑之两河,印度之印度河与恒河,在世界人类最早农业文明之产生,有其相似之地位。而夷考其实,则颇不然。

首当注意者,厥为中国北方黄河平原,其所处纬度较高,显然与埃巴印三国有别。此平原之土壤性质,既自有其特点,而此区域之气候与雨量,亦不能与埃巴印三区域相提并论。中国史家,因于误认古代黄河流域之农事,应与埃巴印三区域大体相类,遂疑古代河域,其气候温度,当远较后代为高。又疑此区域中之雨量,亦较后代为富。其实此项推想,殊无坚明之证据。其在未有文字记载之前,真况若何,史料缺乏,尚难详论。惟就其见于中国古籍之文字材料，综合推考，则实未见中国古代河域，其气候雨量，有与后世甚相违异之迹象。关于此层，已零星散见于本文作者其他著述中，在此不再详引。

此文之注重点，乃在考论中国古代北方农作物之大概情况，而借以映显出中国古代北方农事之特征。由于指陈出中国古代北方农事之特征，而再映显出中国文化渊源之特征。其所由以异于印巴埃三区域者何在，其影响于中国文化之传统性者又何在，皆可由此窥其一斑。此乃本文微旨所寄，而本文所着眼讨论者，则尽于农作物之一项。其引申推究，则非本文范围所欲论，读者自可循此阐究也。

中国古籍，述及古代农作物，其主要者称五谷，或称九谷。五谷九谷究何指，从来讨论者颇不乏。然多注重于某名之当为某物，专在名实上作考释，而本文作意，则转更着眼于历史时代之演进，自远古迄于先秦，此一经历，实甚遥远。即据文字记载，已达两千年左右之长时期。中国古代农业，在此遥远之历程中，必有几番演进，不当混并一视，此不烦深论而可知者。本文作者，于农事常识，昧无所知，其能力所及，则仅限于根据古代典籍遗文，参之前人对于五谷九谷之讨论成绩，而另从历史上分期推寻之新眼光，加进一时代演进之新观点，而试将若干史料，加以排比调整，而其所发现，则颇有道前人之所未道者。至其粗略未能成为定论，则固作者所自承也。

（二）

兹首当论及者，厥为关于中国远古之农事传说，大率皆指山耕，而此项传说，屡见于先秦典籍，实不可谓无可信之价值也。

在中国古史上，有一番洪水之传说，洪水之后，人民大率山居。如孟子云：

> 当尧之时，水逆行，泛滥于中国，龙蛇居之，民无所定，下者为巢，上者为营窟。

是也。营窟者，赵岐注云：

> 凿岸而营度之，以为窟穴而处之。

是谓营窟即穴处也。清儒焦循《孟子正义》说之云：

> 此营窟当是相连为窟穴。

焦氏增释营字为相连义，较之赵注更见明析。在中国古代此种穴居之风，不仅见述于《孟子》，他书如《小戴记·礼运》篇亦云：

> 昔者先王未有宫室，冬则居营窟，夏则居橧巢。

《易·系辞传》亦云：

　　上古穴居而野处。

《诗·大雅·公刘》篇亦云：

　　陶复陶穴。

此皆言古人营窟穴居也。上引三书，与孟子所言复有小异。盖谓古人穴居，由于宫室之制犹未创立，文化犹在草昧之期，而不谓其专由于洪水。今于尧舜时代洪水之实况，以及洪水以前文化之详情，既难详论。然仅就古籍记载，中国古代北方，自尧舜传说时代以后，尚多穴居之风，此自西周诗人，迄于战国学者，所言皆如此，断无不信。即在近代，乘陇海路火车，自河南郑县而西，凭窗外眺，中国古代北方穴居营窟之遗风，尚多遗迹，瞻瞩可见。据今推昔，中国古代北方人之颇尚穴居，其事更可想像得之。即西周时代司空官名之由来，亦可由此推论。盖空即窟穴，即指民居也。

今既指陈古代北方中国人之穴居，而山耕传说，遂易见其连带可信。盖穴居本不在平野，而必在陵阪陂陀，居于是，耕于是，而中国古代北方农业之多属山耕，其事跃然可想矣。故《史记》云：

　　舜耕历山，渔雷泽。

此明言舜之山耕也。神农氏为中国遥古发明农事传说中之第一人,而神农氏又称烈山氏,烈山者,即焚山而耕也。中国历史上发明农事传说之第二人,神农以外,是为后稷。《国语》之《鲁语》有之曰:

> 稷勤有谷而山死。

是谓耕于山故死于山。而《吴越春秋》亦云:

> 尧遭洪水,人民泛滥,逐高而居。尧聘弃,使民山居,随地造区。

山居即营窟穴居也。弃作后稷,使民山居,则弃之教民稼穑,亦必多属山耕可知。今山西省南部有稷山,历古相传为后稷教稼处。余二十余年前旧作《周初地理考》,已详证其地望与传说之可信。则《吴越春秋》虽系晚出书,其言弃之使民山居,与孟子所言,可作互证,殆非全不足凭矣。

言远古之山耕者,又见于《淮南子》,其言曰:

> 尧之治天下也,……其导万民,水处者渔,山处者木,谷处者牧,陆处者农。泽皋织网,陵阪耕田。

此虽曰陆处者农,而又曰陵阪耕田,是知所谓陆处,即在陵阪,是其所耕即属山田矣。

其实陵阪耕田之风,亦不止古代中国为然。即在近代,此制南北皆有。其尤著者,如陕西四川湖南诸省,山田梯耕,到处可见。然则谓中国古代农业多半属山耕,固非无据凿说矣。

(三)

今既承认中国古代农业之多属于山耕,则请进而推论及于山耕之作物。弃称后稷,此即弃之教民稼穑,以稷为其时之主要农作物之明证也。《左传》有云:

> 稷,田正也。有烈山氏之子曰柱,为稷。自夏以上祀之。周弃亦为稷,自商以来祀之。

此谓周弃为稷之前,神农氏之后裔已先为稷,其事信否无可论。然循此有可论者,则为中国古代北方之农作物,实以稷为主。故远古之发明农业者,乃及后代之主管农政者,皆得稷称。此非显然而易见乎?中国古代教农督农之官皆称稷,下至春秋时犹然。故《国语》云:

> 农祥晨正,土乃脉发,先时九日,太史告稷。

若非五谷中以稷为中国古代之主要农作物,何以自古有关农事传说中之大人物,如柱,如弃,皆独称曰稷,而后世农官,亦沿续称稷乎?

惟其中国古代,以稷为农业之主要作物,故稷又得为五谷之总名。许氏《说文》,训稷为五谷之长。又云:稷乃祭祀之粢盛。今试问:何以中国古人,独尊稷为五谷之长乎?又何以独尊稷而奉为祭祀之粢盛乎?此必有义可说。《白虎通》说之云:

　　五谷众多,不可一一而祭。稷,五谷之长,故祭之也。

此以两事并归一义,谓稷为五谷之长,故古人尊之以为祭品。然则稷又何以独得为五谷之长乎?蔡邕《月令章句》(见《续汉志》引)说其事有云:

　　稷,秋夏乃熟,历四时,备阴阳,谷之贵者。

又《月令注》云:

　　稷,五谷之长,首种。

此二说皆晚出,实无当于古人贵稷之真义,殆后人不得其说而姑为之说耳。清儒邵晋涵说之云:

　　稷为庶民所恒食,厥利孔溥,古者重民食,所由以稷名官,又奉稷而祀之也。

邵氏此说,转较近是。古人所以尊稷,特以稷为主要食品,即无异谓稷乃古代农作物之主要者也。然古今人说此事,似乎尚有陷于同一之病者,即误认为古代农事初兴,遽然五谷全备,而特于五谷中择稷而尊之。余之此文所欲陈述者,则谓中国古代农事初兴,尚不能五谷遽备,其最先之主要农作物仅为稷,故古人之尊稷,实因稷为当时仅有之农作物。越后五谷渐备,而尊稷之风,则沿袭自古,遵而不改,此所谓大辂之椎轮也。故古人既以之为祭祀之粢盛,又尊之为五谷之长,又常并称社稷,社为土神,稷为谷神,皆其义也。

(四)

中国古代最先农作物,当以稷为主,其义证略如上举,至其次于稷者则当为黍。故古人言农事,又常以黍稷连称。可知黍亦为中国古代主要农作物之一,惟其地位,在最先或犹稍次于稷。《殷书·盘庚》篇有云:

不服田亩,越其罔有黍稷。

若果《盘庚》篇洵为殷代遗存可信之古书,则当殷代盘庚时,其农作物之最主要者,为黍与稷可知。纵谓《盘庚》篇年代非可尽信,然其书必为今存《书经》中较古之书,而中国古人言古代农事,必首及黍稷,则明显无可疑。故仍可由此推断黍稷为中国古代农业较早主要之作物也。

近代殷墟出土甲文,多有求黍、求黍年诸语,则若其时黍之为物,在农业上之地位,犹更重要于稷。此或由于西土周人较重稷,东土殷人较重黍。或以黍之为品美于稷,(论证详下)农事演进,后来居上,故稷之贵重较在前,因其先种黍之事尚未盛,而黍之贵重较在后,因其较稷为美。或者上述两义,可以会合说之。要之中国古代,当殷代盘庚以下,北方农业,已是黍稷并重,则典籍可证,无足疑者。

自此下及西周,乃至春秋初期,诗人歌咏,凡涉农事,亦常黍稷连言。如《诗·小雅·楚茨》:

我黍与与,我稷翼翼。

《信南山》:

疆场翼翼,黍稷彧彧。

《甫田》:

或耘或耔,黍稷薿薿。

又云:

以介我稷黍,以谷我士女。

《大田》:

以其骍黑,与其黍稷,以享以祀,以介景福。

《出车》:

昔我往矣,黍稷方华。

《周颂·良耜》:

黍稷茂止。

《鲁颂·闷宫》:

黍稷重穋。

《王风·黍离》:

彼黍离离,彼稷之苗。

《唐风·鸨羽》:

王事靡盬,不能蓺黍稷。

皆是。

抑不仅诗人之歌咏为然也。如《晋语》:

> 黍不为黍,稷不为稷。

《左传》僖五年:

> 黍稷馨香。

凡此皆西周下及春秋时人,言农事,必连举黍稷之证。然则黍稷之在当时,实为农业上主要之作物,不仅西方然,即东方亦然。不仅周人然,即商人亦然。此皆有典籍明据,无可否认。

其时诗人歌咏,亦有单举黍,不及稷者。如《硕鼠》云:

> 硕鼠硕鼠,无食我黍。

《黄鸟》云:

> 无集于栩,无啄我黍。

《下泉》云:

> 芃芃黍苗,阴雨膏之。

皆是。此或诗人遣辞,因于行文之便。然亦可谓黍之为品,较稷尤贵。故诗人咏农事,或黍稷并称,或专举黍而不及稷,则犹如甲文之多言求黍,不及求稷矣。

惟黍之与稷,要之同为古代西周乃至春秋时代之主要农作物,则其据已如上引。而郑玄曰:

高田宜黍稷,下田宜稻麦。

束晳《补亡诗》亦云:

黍华陵巅,麦秀丘中。

左思《魏都赋》又云:

水澍秔稌,陆莳黍稷。

则黍稷之同为山地旱耕作物,亦已明白无疑。若就上文会合而观,可知中国古代农业,其最先主要之作物,多属高地旱耕之品,又可增其坚强之信据矣。

此种情形,且亦不仅古代为然,即至后代,北方河域,亦尚无不然。元王桢《农书》曰:

北地远处,惟黍可生,所谓当暑而种,当暑而收。其茎穗低小,可以酿酒,又可作餕粥,黏滑而甘,此黍之有补于艰食之地也。

是知中国北方艰食之地,皆可种黍。《说苑·辨物》:

> 高者黍,中者稷,下者粳。

则似黍之为物更宜于高地,故其种植亦更普遍于稷。即在后代情形尚如此。则在古代农业初兴,农事未精之时,其他美谷嘉种,犹未发达,而黍之为品,遂占古代中国农作物中重要之地位,其故亦居可思矣。

王桢又曰:

> 凡祭祀,以黍为上盛。古人多以鸡黍为馔,贵其色味之美也。《论语》:杀鸡为黍而食之。

据此,则中国北方习俗,直至后代,尚以黍为祭品之上盛,而黍之为品,较美于稷,亦于古典籍中早有明据。如《大雅·生民》之诗云:

> 诞降嘉种,维秬维秠,维穈维芑。恒之秬秠,是获是亩。恒之穈芑,是任是负,以归肇祀。

古注:秬,黑黍。秠,黑黍,一稃二米。穈,赤粱粟,芑,白粱粟。是则《生民》之诗,固以黍与粱为嘉种,是在西周时,固已明认黍之为品较贵于稷矣。故《丰年》之诗又曰:

> 丰年多黍多稌。

诗人颂丰年而举多黍,此即黍之贵于稷也。故知古人并言黍稷,以其同为当时之主要农作物,其有单言黍者,则贵之为美品。然亦仅是较美于稷耳。待其后农业日进,嘉种嗣兴,稻粱麦诸品并盛,其为食皆美于黍,而黍之为食,遂亦不见为美品。然其事当在孔子前后,已及春秋之中晚期。若论春秋初年以前,则中国古代农业,固只以黍稷为主,实并无五谷并茂之事也。

（五）

下文当续及稻粱麦诸品,则请先试释黍稷之果为何物。惟黍易知而稷难认。稷之为物,后儒考释綦详,而聚讼纷纭,有莫衷一是之苦。亦有混稷于黍者,复有混稷于粱者,而稷之究为何物,终莫能得定论。就其考说之最详而较最可信者,当推清儒程瑶田之《九谷考》。程氏之说曰:

> 稷,其黏者为秫,北方谓之高粱,或谓之红粱,通谓之秫。秫又谓之蜀黍,盖稷之类,而高大似芦。

程氏又说黍,曰:

> 黏者黍,不黏者穈,今山西人无论黏与不黏,统呼之曰穈。黍又冒黄粱之名,呼黏者曰软黄粱,不黏者曰硬黄粱。太原以东,呼黏者为黍子,不黏者为穈子。

程氏之说黍稷略如此。继程氏而持异说者,有郝懿行之《尔雅义疏》,谓:

> 今北方以黍为大黄米,稷为谷子,其米为小米。然稷又包高粱。高粱与粟同种差早,高粱谓之木稷。《广雅》:藋粱,木稷也。言其禾粗大如木矣。又谓之蜀黍,蜀亦大也。

又有邵晋涵之《尔雅正义》,与郝说复小异。其言曰:

> 古者以粟为谷之总名,犹后人以谷为总名也。今北方呼稷为谷子,其米为小米,是犹古人以稷为粟也。今以后世所命名区分五谷,则稷粟皆为小米。

翟灏从郝邵二人说,谓:

> 黍为大黄米,稷为小黄米,二者同类,故古籍多以并称。

又曰:

> 糜一名穄,乃稷也。

朱骏声曰:

> 高粱谓之蜀黍,亦曰蜀秫,三代时其种未入中国。

此皆异于程氏之所考定者。今按：上引诸家，一以稷为高粱，一以为小米，大抵不出此两歧。而其同为高地旱作物，则一也。《管子》书：

> 日至七十日，阴冻释而蓺稷。百日不蓺稷。

程氏曰：

> 日至七十日，今之正月，今南北皆以正月蓺高粱。

此亦程氏主稷为高粱之一证。若如后说，则殊无解于程氏所谓冒粱为稷之嫌。古籍所以黍稷连称，邵氏既失其义，至朱氏谓三代时蜀黍未入中国，此盖误认为自战国时，秦司马错通蜀，中国始有蜀黍之种，而不知蜀黍之称，当依程郝，蜀者大义，非指蜀地，则亦未足以推倒程氏之说。高粱既为中国北方最普遍之农作物，直至后代犹如此，何以古籍对于此种独缺不言。若谓古代北方农作物，独缺高粱一品，其种又自何时始有，此皆无说可通。故今仍依程说，定稷为高粱，即郝氏亦仍依违程说，谓稷又包高粱，是亦未能与程氏所定甚相违异也。纵谓程说不可据，而高粱小米，要之同为宜于高地旱耕之品种，则于本文所欲申辩者，仍然无碍。故即谓稷之为品，未能臻于定论，而仍亦无妨于本文之所欲建白也。

今试再论稷为粗食之说。稷为粗食，始见于《论语》，此已在春秋中晚之期，则因其时中国农事演进之期已久，技术既日见

进步,品种亦日见繁多,新作物既络续发现,于是始目稷为粗食,当知此乃后起事,非自古即然也。《论语·乡党》篇有云:

虽疏食、菜羹瓜祭,必齐如也。

《论语》又屡见疏食字,程瑶田《九谷考》说之云:

凡经言疏食者,稷食也。稷形大,故得疏称。《论语》疏食菜羹,《玉藻》稷食菜羹,二经皆与菜羹并举,则疏稷一物可知。疏言其形,稷举其名也。故《玉藻》曰:朔月四簋,子卯稷食。四簋者,黍稷稻粱也。稷食者,不食稻粱黍也。诸侯日食粱稻为一簋,食其美者也。朔月四簋,增以黍稷,丰之也。忌日食稷者,贬之,饭疏食也。是故居丧者疏食,盖不食稻粱黍。《论语》曰:食夫稻,于女安乎?是居丧者不食稻也。《丧大记》曰:君食之,大夫父之友食之,不辟粱肉,是居丧者不食粱也。《檀弓》:知悼子在堂,斯其为子卯也大矣,子卯稷食,是居丧者黍亦不食也。不食稻粱黍,则所食者稷而已。故曰:疏食者,稷食也。

程氏此所考说,义据坚明,若无可持异议矣。然亦有未尽者。当知《小戴礼》之《玉藻》、《丧大记》、《檀弓》诸篇,皆晚出书,决不在孔子前。故程氏所考,稷为疏食,亦仅春秋中晚孔子前后始如此,古典籍则并无其证,固不得谓自殷盘庚至西周以来即以稷当疏食也。故稷之为疏食,必是中国古代农事久已进展,美品日滋,乃始有尔。此层极关重要,读者通观本文之前后,乃可知余此所辨之决非无据妄测也。

疏食者,程氏又曰:

> 左氏内外传之粗,即疏食之疏。一日,有冀州人在武邑坐,言其乡俗食以粟为主,辅之以麦,其贱者则辅之以高粱。去是而又北,则又以高粱为主矣。余曰:高粱贱乎?曰:此吾北方之粗粮也。诸谷出皮皆云细,至高粱,虽舂之扬之,止谓之粗粮耳。余闻其言,以为粗粮二字,又其旧名之相沿未失者。

今按程氏以后代中国北方土语粗粮二字释古人之疏食,洵可谓炯然千岁之只眼矣。盖当孔子时,稷已目为粗粮,直至今日,北方中国,仍以高粱为粗粮,至于稷之果为高粱与否,今且不深论,要之从孔子以来,中国北方民食,实大率以粗粮为主,而自孔子以前,则此所谓粗粮者,古人固视之为美品,不觉其为粗粮也。民食之维艰,民生之不裕,此为考论中国远古之农事,与夫考论中国文化之渊源者,斯义所当常悬在心,不可片刻而忘。而中国远古文化之所由与印巴埃三土大异其趣,不当相提而并论者,亦可由此而阐入矣。

其次请再言黍。《诗·小雅·良耜》笺:

> 丰年之时,虽贱者犹食黍。

疏云：

　　贱者食稷耳。

此言黍之为品，较美较贵于稷也。故《大戴记》有云：

　　无禄者馈稷，馈稷者无尸。

金榜说之曰：

　　注云：庶人无常牲，故以稷为主。无牲者宜馈黍，黍者，食之主也。不馈黍而馈稷，正贱者食稷之一证。

又程瑶田曰：

　　《仪礼》设敦设簋，必黍稷并陈。惟《昏礼》，妇馈舅姑，有黍无稷，且必特著无稷之文。盖妇道成以孝养，不进疏食，故无稷也。

凡此皆见黍食之贵于稷。然亦黍稷相较则然耳，若再兼言稻粱，则黍稷又同为贱品。程氏曰：

　　考之《礼经》，九谷之为簠簋食也，黍稷稻粱尚矣。《士昏礼》：黍稷四敦，《聘礼》：黍稷堂上八簋，西夹六簋，东方

> 如之,其稻粱各二簋,则加馔也。《公食大夫礼》:黍稷六簋,亦有稻粱之加。……稻粱美,故以为加馔。《曲礼》:年谷不登,大夫不食粱,不食其加,为岁凶贬也。……《诗》:黍稷稻粱,农夫之庆,笺云,年丰,劳赐农夫益厚,既有黍稷,加以稻粱,则是稻粱贵矣。黍稷二者,又以黍为贵。

是则稻粱虽已见于西周诗人之咏,而直至《仪礼》、《小戴记》诸晚出书,时当孔子以后,稻粱尚犹为稀贵之品,不作为民间之常馔。故余疑中国古代北方农事,黍稷先盛,稻粱后起,其间必有一段农事上进展之历程,其痕迹犹可寻。此事虽乏显证,而可微窥曲说以得之,固不得谓自古即已五谷兼莳而并茂也。

又《家语》,孔子曰:

> 黍者,五谷之长,祭先王以为上盛。

《竹林七贤论》有云:

> 阮简居父丧,浚仪令为他宾设黍,简食之,以致清议,顿废几三十年。

是则下至魏晋,北方风俗,居丧尚亦不食黍。然《孟子》书固已言之,曰:

> 夫貉,五谷不生,惟黍生之。

此显见在战国时,黍在五谷中,已不目为贵品。惟《孟子》记葛伯仇饷事则曰:

> 要其有酒食黍稻者夺之。有童子以黍肉饷,杀而夺之。

此则以黍稻黍肉连文,然此或是孟子引述古事,在殷汤时,黍固为美食,并非谓至战国时,黍尚为贵品也。故战国时人常言粱肉,又言膏粱,则粱之为食,显美于黍可知。

(六)

继此请续言粱。《豳风·七月》之诗曰:

> 黍稷重穋,禾麻菽麦,嗟我农夫,我稼既同。

禾即粱也。《管子》云:

> 古之封禅者,鄗上之黍,北里之禾。

《吕氏春秋》云:

> 今兹美禾,来兹美麦。

《汉书·食货志》引董仲舒曰:

《春秋》他谷不书,至于麦禾不成则书之,以此见圣人于五谷最重麦禾也。

此证粱为五谷中之主要品,其事属后起。《春秋》重麦禾,与《七月》之诗首黍稷次麦禾者显有辨。

然粱之为物,后儒亦多争议。程瑶田《九谷考》谓:

禾,粟之有藁者也。其实粟,其米粱。

又曰:

北人食,以粟为主。南人食,以粳为主。

又曰:

《周官》仓人职:掌粟人之藏。《注》:九谷尽藏焉,以粟为主。粱即粟矣。

此程氏之说也。邵晋涵则曰:

稷米之精者称粱,粱亦大名,故高粱与谷子通矣。

此则主粱稷之通为一物也。程瑶田谓秦汉以来诸书,并冒粱为稷,邵氏殆承此误。今按《左传》:

> 粱则无矣，粗则有之。

粗即指稷而言，故邵氏谓粱即稷米之精者。又《国语》：

> 膏粱之性。

《注》：

> 粱，食之精者。

膏粱之语，为战国时人之常言，则粱乃食之精者，稷乃食之粗者。若粱是小米，则中国古代人即以小米为精食也。

《宋书·宗悫传》：

> 庾业家豪富，悫至，设以菜菹、粟饭，谓客曰：悫军人，惯啖粗食。

此因刘宋在江域，本属产稻之区，故中国北方古人，目粱为食之至精，而刘宋时人则谓之粗食。此犹孔子时，目稷为粗食，而孔子以前人并不然。又如黍在战国时，已不在精食之列，而魏晋时人如阮简，尚以居丧食黍见黜。盖食物之精粗，本就比较而言，其间有农事之演进，有时运之升降，精之与粗，本无定指，而要之古代中国人食品，最先仅尚稷，其次重黍，又次复重粱。若就稷而言，则粱黍俱为精品。故古人铢法，亦就黍粟起算，亦可从此而参悟其故也。

又按李时珍《本草纲目》，谓：

> 黍稷即今北方之黍子，黏者为黍，不黏者为稷。粱秫与粟，即今北方之小米，大而毛长者为粱，细而毛短者为粟。粟之黏者为秫，粟即粱也。汉以后，始分其禾细毛短者为粟。

李氏之说，亦主黍稷为同物，稷特黍之不黏者，此即翟灏以穈为稷之说。然此仍是程氏所谓于黍中求稷也。且李氏又谓，蜀黍亦黍稷之类，则又似于郝氏稷包高粱之说。此皆未可确定，而要之当以程氏所考定者为尤允。又李氏曰：

> 芦穄，即蜀黍也。其茎苗高大如芦，而今之祭祀者，不知稷即黍之不黏者，往往以芦穄为稷。

据此，则古人以稷为祭品之上盛，土俗相沿，直迄于明代李时珍著书时，尚亦复然。而程氏以芦穄为稷，正是礼失而求之野，亦见其未可厚非矣。惟此等既难确定，可暂置勿深辨，而粱之为小米，则确凿无可疑者。

今按：粱亦一种高地旱作物也。其证如下：

《公羊传》：

> 上平曰原，下平曰隰。

何休注：

> 原宜粟，隰宜麦。

此粟为高地旱作物之证一也。
刘向《说苑》：

> 淳于髡曰：蟹螺者宜禾。

杨倞引以注《荀子》，云：蟹螺，盖高地也。此粟为高地旱作物之证二也。

《淮南子·地形训》有云：

> 汾水宜麻，济水宜麦，河水宜菽，雒水宜禾，江水宜稻。

又云：

> 东方宜麦，南方宜稻，西方宜黍，北方宜菽，中央宜禾。

此粟为高地旱作物之证三也。《淮南》虽分别历举各项作物之水土所宜，然中国古代北方农事，其所需仰赖于水流之灌溉者，固不如后人想像之甚，亦既即《淮南》之原文而可见矣。

又崔骃《七依》，傅休《射雉赋》，皆云元山之粱。桓骥《七说》，左思《魏都赋》，皆云雍丘之粱。此亦粱为高地农作物之证也。

又按《豳风·七月》,详言农事。其曰三之日于耜,四之日举趾,此当夏正一月二月,疑即指种稷与高粱言。其于春日,则具陈蚕桑。八月而绩。夏月多言葵菽瓜壶之属。十月获稻,为此春酒。又曰:十月纳禾稼,黍稷重穋,禾麻菽麦。禾指粱言,以与麻菽麦为伍,则此等实皆农业上之副产品,亦犹后世所谓杂粮之类耳。若言农作物之主要者,则显见为黍稷。此又粱之被视为中国古代重要农作物之一,其事尚属后起,在《豳风·七月》成诗之时,固未见其然也。

(七)

其次再言稻。稻之为物,较之黍稷粱麦,更须雨水之润泽与灌溉。然在中国古代,稻之得占农作物中主要之地位,其事亦最迟。殷墟甲文中,固不见有稻之正字,或释甲文覃字为稻,然《诗》有实覃实讦,则覃乃米粒之大者,不必指稻言。认覃作稻,纯出推想,非是定论。稻作物之在商代,其情况究何若,其事犹待史料之继续发现,始可详论,本篇不拟妄测。惟专就其见于西周以下之诗篇言之,则稻之不为中国古代之主要农作物者,其事已甚显。

《七月》之诗,特曰:

十月获稻,为此春酒,以介眉寿。

则知稻之在当时,特用以为酿酒之品,而非以供民食。《周颂·丰年》之诗云:

> 丰年多黍多稌。

然其下亦曰:

> 为酒为醴,烝畀祖妣。

《尔雅》:稌,稻也。合观《丰年》与《七月》两诗,可知古人蓺稻,仅作酿酒之用。故《生民》之诗,特举黍与粱二者,谓是天赐之嘉谷,而独不及于稻,亦以稻非主要之民食,故《生民》之诗,不之及也。

又按《左传》:

> 陈辕颇出奔郑,道渴,其族辕咺进稻醴、粱糗、腶脩焉。

杜注:糗,干饭也。以粱为饭,以稻为醴,此皆美品。是知稻供作酒,不为食用,其风至春秋时犹然。《韩诗外传》御者进郭君以清酒干脯粱糗,此正可与《左传》之文互证也。

惟《论语》,孔子告宰我曰:

> 食夫稻,衣夫锦,于女安乎?

则似孔子时,已始食稻,而稻食之特为稀罕之珍食者则居可知。抑且孔子此语,亦未必定作稻饭解。《论语》载孔子语又云:

> 夫君子之居丧,食旨不甘,闻乐不乐,居处不安,故不为也。

刘宝楠《论语正义》云:

> 《说文》:甘,美也。诗多言旨酒,此文食旨,兼凡饮食言之。《丧大记》云:祥而食肉,谓大祥也。《闲传》云:期而大祥,有醯酱。有醯酱者,明始得食肉也。又云:中月而禫,禫而饮醴酒。始饮酒者,先饮醴酒。始食肉者,先食干肉。则自小祥后,但得食菜果,饭素食,而醯酱食肉,必待至大祥之后。饮醴酒,必待至禫之后,则小祥后不得食旨明矣。

据刘氏说,孔子之所谓食旨不甘,或可指饮酒言。疑当孔子时,其门人弟子,居常亦未必有稻米作饭供食之事,则孔子之答宰我,所谓食稻者,亦并不指食稻米饭而言,此处食稻,亦仅是饮酒耳。

今按《诗·鸨羽》:

> 王事靡盬,不能蓻黍稷,王事靡盬,不能蓻稻粱。

又《诗·甫田》:

> 黍稷稻粱,农夫之庆。

就前一诗言之,稻粱连文,与黍稷连文者对举,此证黍稷为常品,稻粱乃精品也。后一诗,乃谓黍稷之外复有稻粱,始是农夫之庆,此亦珍视稻粱之证也。而稻之所以视粱为尤贵者,以其必须水流,不如粱之与黍稷,同为高地旱作物,在农事上,不必有特设之环境也。《白华》之诗云:

> 滮池北流,浸彼稻田。

此即稻田必须有水流之证。而稻田之在当时,必为甚不普遍,亦即就《白华》之诗而可见。《淮南子》有云:

> 稻生于水,而不生于湍激之流。

中国北方本不多水,而水流又多湍激,则稻之特见珍贵,更可想见。《史记》载时人歌魏之史起曰:

> 邺有贤令兮为史公,决漳水兮灌邺旁,终古舄卤兮生稻粱。

此亦证欲种稻,必先修水利。而大规模之水利兴修,其事实后起,当在战国时,春秋列国封疆井田之制既废,乃始有之,此亦在古籍记载中,可详证以说之者。余在旧著《先秦诸子系年》,已粗见其说，以非本篇范围，故不详论。

《战国策》又载：

> 东周君欲为稻，西周君不下水。

据文推想，可知当时东周农事，本不恃于稻，特其年方欲蓺稻，而西周故与为难。东周如是，中国古代北方之其他诸地亦可想。而《周官》特为晚出书，其书当出于战国之最后期，其时北方始渐多种稻，故《周官》特有稻人之职，然亦曰掌稼下地，则稻仍非遍地可种，而其所举治水之工之烦，则植稻之事，其在古代北方中国，决不能普遍广及又可知。

《荀子·礼论》篇有云：

> 飨尚元尊，而用酒醴，先黍稷而饭稻粱。

此始为古人以稻作饭之明文。然稻粱并举，则仍疑粱食是其常，而稻食是其偶。古人先知饮水，后乃有酒醴，则亦犹之乎先知食黍稷，后乃知食稻粱也。据《荀子》此文，亦见古人祭礼，所以特尊黍稷者，亦犹其尚玄尊耳。

又按贾让《治河策》有云：

> 若有渠溉，故种禾麦，更为粳稻。

当知渠溉之兴，决不在春秋之期。其时则列国分疆，封堤割裂，各以百里七十里为限,并多择高地以居。既壤地不相接,何来有渠溉交通。必下迄春秋末期,封疆渐坏,都邑相连,分郡设县,国体日大,乃可连境接壤,有大规模之水利兴修。故井田百亩,大概其作物之主要者,仍属黍稷,偶有池水,得所浸溉,薄为稻田,如《白华》之诗之所咏,此乃不常有之事。自渠溉兴而禾麦盛,而粳稻犹属晚起,贾让所言,最为明白矣。

至于《小戴·内则》有陆稻,《管子·地员》谓之陵稻,则古代亦有种于陵地之稻,然《管子》、《内则》,其书亦不出孔子前,至《王制》云:

庶人春荐韭,夏荐麦,秋荐黍,冬荐稻。

即此数语,已可证《王制》之作,确成于汉儒之手。当春秋战国时,庶人又乌得以稻作常荐乎?

又按《淮南·主术训》有云:

昏张中则务种谷,大火中则种黍菽,虚中则种宿麦。

伏生《尚书大传》亦有此语,而皆举不及稻。则稻在秦汉之初,仍不为主要之农作物可知。

又按《周官》职方氏有云:

扬州,其谷宜稻。荆州,其谷宜稻。豫州宜五种。(郑注:黍稷菽麦稻)。青州宜稻麦。兖州宜四种。(郑注:黍稷稻麦)。雍州宜黍稷。幽州宜三种。(郑注:黍稷稻)。冀州宜黍稷,并州宜五种。(郑注:黍稷菽麦稻)。

程瑶田说之曰:

> 豫州并州宜五种有黍,兖州宜四种有黍,幽州宜三种有黍,雍冀皆宜黍,而扬荆二州但宜稻,青州亦但宜稻麦,此是西北有黍,东南无黍也。

余谓古人黍稷并称,职方宜黍者皆宜稷,则可谓西北有黍稷,而东南无黍稷矣。至列举宜稻者,凡得扬荆豫青兖幽并七州,宜若其占地甚广,其实除扬州荆州惟稻为宜外,余五州,惟青州兼宜麦,余四州则仍是黍稷为主。则稻作物不占中国古代北方农业之重要地位,岂不至战国末期而犹然乎?

又按:《月令》五种,曰:麻黍稷麦豆,殊无稻。郑注据《周官》,不从《月令》。要之言五谷者,或举稻,或不举稻,则稻之在古代中国,其不得与黍稷粱麦同列为主要之农作物,又断可见矣。

(八)

黍稷稻粱之外,五谷尚有麦。《诗·思文》:

> 贻我来牟,帝命率育。

《诗·臣工》：

> 于皇来牟,将受厥明。

牟即麦也。是麦之为种,亦为周人重视,殆亦较黍稷为贵品,故《吕氏春秋》谓其始盖后稷受之于天也。然麦之普遍种植,其事亦必视黍稷为后起。相传箕子过殷故墟,作《伤殷操》,其辞曰：

> 麦秀渐渐兮,禾黍油油。

以此较之黍稷离离之诗,若箕子之辞而非伪,则麦之种植,殆先起于东土之殷邦。故《卫风·载驰》,有我行其野,芃芃其麦之咏,而《鄘风·桑中》,复有爰采麦兮,沫之北兮之歌也。

至战国,张仪说韩,谓：

> 韩地五谷所生,非麦而豆。

苏张纵横之辞皆晚出,殆自春秋下逮战国之后期,而麦之为种,愈后愈盛,则据此可见矣。

又按《月令》：

> 仲秋之月,乃劝人种麦,无或失时。其有失时,行罪无疑。

《月令》亦战国晚出书,而一篇之中,言及五谷首重麦,其次黍,殆以黍为平民普通食品也。其言稻秫,则仍主于酿酒而已。

又按《禹贡》:

> 冀州厥土惟白壤,厥田惟中中。兖州厥土黑坟,厥田惟中下。青州厥土白坟,厥田惟上下。徐州厥土赤埴坟,厥田惟上中。扬州厥土惟涂泥,厥田惟下下。荆州厥土惟涂泥,厥田惟下中。豫州厥土惟壤,下土坟垆,厥田惟中上。梁州厥土青黎,厥田惟下上。雍州厥土惟黄壤,厥田惟上上。

若以《禹贡》此文合之职方,涂泥下田,可以种稻,荆扬是也。土壤黄白,上中之田,可以种黍稷粱菽,雍冀是也。坟垆黏埴,田杂三品,可以种麦,如并青兖豫是也。中国北方河域,包今山东西,河南北,及陕甘六省,而以河南为中心,其西部多山,东部平旷,故陕甘晋豫大抵为黄土区,而燕齐及豫之一部分则为冲积层,皆非涂泥之地,其宜于水田者特少。古今地宜,谅无大变。故知中国古代北方农业,特以高地旱作物为主,稻作决属后起,虽《周官》之书盛言沟洫,即《论语》亦已有尽力乎沟洫之言,然水利与农作之关系,古代中国实决不当与古埃及巴比仑印度三土相拟。由于农作业之艰难,乃及农产品之粗贱,故古代中国北方文化发源,所获益于天时地利物产之相助者,较之印巴埃三土,实远为不如。而中国文化之由于我中国民族远古先人之刻苦努力,忧深虑远,而始能获有此更伟大更悠久之成果者,亦较之古代印巴埃三土之文化绩业,实更有值得有志研治世界人类文化历史学者之郑重探究也。

(九)

今再扼要综述，以终吾篇。大抵中国古代农业，其最先主要者，在山耕与旱作物，最早最普遍种植者当为稷，黍次之，粱又次之，麦稻更次之。其为古代中国主要之民食者，西周以前，决然为黍稷。则中国远古时代之农业文化初启，固不妨特定一名号，称之为黍稷文化，以见其特性之所在。而自春秋以下至于战国，农作物之主要者，渐自黍稷转而为粟麦，故此时期之中国文化，又可特称之为粟麦文化。若至于稻米文化之在中国，则其兴起更在后。《史记》、《汉书》以下，历代史籍，所载中国各地稻米区域之继续开发，其事尚可依年代顺序历历钩绘而出之。惟此非本文所欲详。本文所欲论者，厥为河流灌溉，对于中国古代农业文化开发之关系，其事决不当于古埃及巴比仑印度三区相提并论之一端。

至若本于经济生产背景，而推论及于文化之内涵，则其事当更端别论，更非本文之范围。故特为之提揭纲领，以待继起之研索焉。

此稿成于一九五五年之冬，刊载于
一九五六年二月《新亚学报》一卷二期

中国古代山居考

往岁曾为《中国古代北方农作物考》,因古人之山耕,而兼论及于古人之山居。古人山居之说,最先章太炎有《神权时代天子居山说》,然仅谓帝王山居,未及一般民众之皆山居也。廿年前,及门郑君逢源作《丘虚通征》,胡君厚宣作《卜辞地名与古人居丘说》,先后发挥,遗蕴已鲜。本篇因山居而及穴居,其先本属一事,又专就许叔重《说文解字》,从中国文字之构造形制说之,亦有推本此义而纠正许书之误者。亦复旁及于古人之祭祀礼制。乃及殷墟甲文方面。本人于甲文素少深究,偶有牵涉,仅属发端,详论未遑,有待专治此学者订定之。

一 释 穴

《诗·大雅·绵》之篇:陶复陶穴。

《墨子·辞过》篇:古之民,未知为宫时,就陵阜而居,穴而处。

《易·系辞传》:上古穴居而野处,后世圣人易之以宫室。

此皆言古人之穴居。而《墨子》之言尤晰,穴居乃在陵阜,不在平地。《尔雅》:氿泉穴出。穴出,侧出也。则穴在岩旁,不在地下。

《说文》:穴,土室也。从宀,八声。
徐灏《说文段注笺》:古者巢居穴处,以穴为室,故后来制字,穴即从宀。

今按:宀象洞穴之形。穴在山岩,不必为土室。八,《说文》,别也。象分别相背之形。八可旁转为擘,擘,分破义。穴字从八,犹《诗》言陶复陶穴之陶。有开擘之义,不仅从其声而已也。又按:《庄子·徐无鬼》,南伯子綦曰:吾尝居山穴之中。《后汉·逸民传》,矫慎隐遁山谷,因穴为室。曹植《七启》,采英奇于侧陋,宣皇明于岩穴。崔鸿《蜀录》,西山范长生,岩居穴处。穴处即岩居也。中国古人之岩居穴处,其俗即今亦尚有存者。

《诗·小雅·大东》:有冽氿泉。
《尔雅·释水》:氿泉穴出,穴出,仄出也。又水醮曰厬。
《说文》水部:沢,水从孔穴疾出也。从水从穴。
又,氿:水崖枯土也。《尔雅》曰:水醮曰氿。
又厂部:厬,仄出泉也。

就字形言:氿何以为枯土,厬何以为仄出之泉,此皆无说可通,必《说文》之误也。古人穴字初指岩阜,不指地下,故穴出即仄出也。许君似不知此义,乃曰泬,水从孔穴疾出,避言仄出,而别以厬为仄出泉。又曰《尔雅》水醮曰氿,或疑此乃许君误忆《尔雅》,殆其然欤?

二　释　寝

《诗·大雅·绵》之篇:陶复陶穴,未有家室。

《说文》:寝,地室也。从穴,复声。《诗》曰:陶寝陶穴。

《系传》:臣锴曰:《诗》古公亶父避狄于岐下,陶寝陶穴,谓穴于地旁岩筑下为室若陶灶也。

今按:《诗》云未有家室,乃言其仍穴居也。穴旁岩而筑,故穴居即岩居,山居也。徐锴《系传》所言为是,言筑下者,陶其下以居,上有覆。然则寝字当是从穴从覆省,复亦不仅是声而已。穴字从八,即指筑其下使空,寝字从复,乃指其上之有覆,宀即象其有覆也。古公亶父居岐山之下,即居岐之山岩,非居岐下之平地。然则《说文》谓穴土室,寝地室,皆未谛。马融《长笛赋》,峆窞岩寝,斯得之矣。

《淮南·氾论训》:古者民泽处复穴。

今按:寝穴与泽处不同,犹《易·系传》言穴居与野处不同。若谓穴居即在平野薮泽,斯失之矣。

三 释 窟

《礼运》:昔者先王未有宫室,冬则居营窟。
《楚辞·七谏》:穴岩石而窟伏。

今按:左襄三十年传:郑伯有嗜酒,为窟室。昭二十七年传:吴公子光伏甲于堀室。此皆在平地掘下为室。然古之居营窟,则系山居,若下至平地,则为宫室矣。孔疏:地高则穴于地,地下则窟于地上,谓于地上累土而为窟,似失古人穴居即山居之义。

又按:《说文》无窟字,有堀字。邹阳书:伏死堀穴岩薮之中。《战国·齐策》:堀穴穷巷。古人堀穴连言,知堀本当作窟,亦在高地。司马相如《上林赋》:邱虚掘垒。掘即窟也。谢灵运《辞禄赋》:解龟纽于城邑,反褐衣于丘窟。丘窟连言,亦犹窟穴连言。丘为高地,则窟不在平地可知。又《文子·尚德》篇:兔走归堀,狐死首邱。

称营窟者,《说文》:营,市居也。市乃帀字之讹。帀居谓围绕而居。营窟谓窟穴围聚也。

四 释 空

《庄子·徐无鬼》:逃虚空者,藜藋柱乎鼪鼬之径,踉位其空,闻人足音跫然,而喜矣。

《荀子·解蔽》篇：空石之中有人焉。

《淮南·原道》：空穴之中，足以适情。高诱注：空穴，岩穴也。

《说文》：空，窍也。从穴，工声。

徐《笺》：戴氏侗曰：古之居室，始于营窟，故工官之长，掌邦土，居四民，曰司空。凿空为空，去声。物之空窍为空，上声。

今按：虚空犹言虚室，位其空即居其室也。古文居字作凥，是即位其空也。空穴连文，空即穴也。穴为岩穴，故又称空石。《韵会小补》：秦人呼土窟为土空，即窟穴也。穴字从宀，象其有空窍，字又从八，即言其凿空。《周官》：司空掌邦土，居四民，时地利。应劭曰：空，穴也。司空主土，古者穴居，主穿土为穴以居人也。《诗笺》：掌营国邑。《洪范》注：掌居民之官。《淮南注》：主水土之官。空是民居，故掌居民之官曰司空，掌水土营国邑者曰司空也。《白虎通》：司空主土，不言土言空者，空尚主之，何况于实，以微见著，是乃不得其解而强说之矣。

五　释宀释穹室窐室

《说文》：宀，交覆深屋也。象形。

徐《笺》：古钟鼎文多作𠆢，象形。小篆从古文变，交覆谓左右垂，对广之一偏而言也。

田艺衡《留青日札》谓：古者穴居野处，未有宫室，先有宀而后有穴，宀当象上阜高凸，其下有凹，可藏身之形。故穴字从此。室家官宁之制皆因之。

今按：宀为象形，穴为会意兼形意，一字两歧，已说在前，故从宀与从穴之字重复，如窒之与室，即一字重出也。《方言》：剑削自河而北燕赵之间谓之室，此室即室之证。穹与宆，亦一字重出。《释名》：宫，穹也。《诗·豳风·东山》：洒扫穹窒，即洒扫宆室。犹言宫室耳。《说文》：宫，室也。《诗·定之方中》毛《传》：室犹宫也。楚辞《招魂》注：宫犹室也。《尔雅》：宫谓之室，室谓之宫。郑《笺》，穹窒，鼠穴也。鼠穴岂可洒扫，盖上言妇叹于室，下避重言洒扫宫室，乃改言穹窒耳。又《豳风·七月》，穹窒熏鼠，塞向墐户。朱《注》：穹，空隙也。窒，塞也。室中空隙者塞之，熏鼠使不得穴于其中。则当云窒穹熏鼠。且既塞不可复熏，此当云熏鼠室穹始得耳。陈奂曰：穹、穷、窒、塞并双声，此言穷尽鼠穴而塞之灼之也。此则当言穷塞熏鼠，岂有此文理乎？然朱陈皆不遵郑笺以穹窒为鼠穴，则是也。盖穹窒即宫室字，穹窒熏鼠，言凡室皆熏。洒扫穹窒，言凡室皆扫。穹之与室，一宽一实，犹窈窕一大一小，皆指居室也。后人不明古人穴居，故说穹窒字皆不免于附会。

六　释宋释夏

《说文》，宋，居也。从宀，从木。臣铉等曰：木者所以成室以居人也。

今按：许君说宋字，就文字体制言，殆无可疑。《广韵》：宋音森，突也。宋与宋，一从宀，一从穴，似实一字。然从来宋字皆指国名，卜辞亦有宋伯及子宋之号，乃未有用如许君之所说者。惟鲁定公名宋，知其断不取国名，则宋字有本义可知。而宋字本义当如许说，殆亦可信。今试推说宋字本义何以不见后人沿用，又试推说宋之为国名，与宋字本义有否关联。虽无确证，姑备一说焉。

盖古人穴居，其后以木作屋，故特制此宋字。又后屋室莫不以木，则不复需用此字也。《书·大诰》：厥子乃弗肯堂，矧肯构。堂者陶穴，其事易。构者架木，其事难。又按：穴居多在山岩陵阜，以木架屋则下至平地。古者夏殷两族，夏人偏居西，在高地；殷人偏居东，在平地。或夏人多山居，殷人始多在平地以木建屋。宋国在商丘，本殷人最先所居，其地或为以木建屋之发源地，而得宋称乎？此亦如河东之有稷山，因周之先人弃穑稼于此而名也。惟此属推测，无确据，若有可信，尚可作其他之推阐。

《诗·秦风·权舆》：于我乎夏屋渠渠。毛《传》：夏，大也。

《小戴礼·檀弓》：吾见封之若堂者矣，见若坊者矣，见若覆夏屋者矣，见若斧者矣。郑《注》：夏屋，今之门庑，旁广而卑。孔《疏》：殷人以来，始屋四阿，夏家之屋，惟两下而已，无四阿，如汉之门庑。

宋玉《招魂》:冬有突夏。

楚辞《九怀》:息阳城兮广夏。

今按:夏屋可径称夏,盖夏人屋室制度与殷不同。夏屋仅有上覆与两旁,正如宀之象形,殷屋乃有四阿,殆因以木建屋而有此演进也。然则中国古人山居,其事殆多在夏及其前。自殷以下,渐迁平地,室屋之制因亦变,其事将于下文再加推说。

七　释　广

《说文》:广,因广为屋,象对刺高屋之形。

今按:《墨子·辞过》篇,古之民,未知为宫时,就陵阜而居。是制字之初,广亦指穴居。《十道志》:马援征武溪蛮,取壶头山,穿岸为室,以避炎暑。广者,亦穿岩为室耳。《北史·李谧传》:结宇依岩,凭崖凿室。广之初义,亦是凭崖凿室也。许君谓因广为屋,亦当言因厂为室乃允。

八　释　厂

《说文》:厂,山石之崖岩,人可居。象形。

今按:许君释广为因广为屋,乃指人之居室言。释厂为人可居,乃指居室之处所言。古人所居多在山石崖岩,即观《说文》此两部首所收各字可知。

《书·说命·序》：得之傅岩。

是说居在岩也。

《战国策》：岩下有贯珠者。
《汉书·董仲舒传》：游于岩廊之上。

此皆谓殿下小屋，虽不在岩，而亦得岩称。

《书·召诰》：用顾畏于民碞。

此因民居在碞，故言民碞，犹之言丘民也。

九 释 丘

《说文》：丠，土之高也，非人所为也。从北从一。一，地也。人居在北之南，故从北。中邦之居，在昆仑东南。一曰：四方高中央下为丠，象形。

徐灏《说文段注笺》：此字说解未确。戴氏侗曰：𠆢，小山，故其文眂山而杀，是也。

《风俗通》曰：二人立一上，一者地也。

《孟子》：得乎丘民为天子。

《庄子·则阳》篇:丘里者,合十姓百名而以为风俗也。
《淮南·本经训》:积壤而丘处。

据此,知丘为山地,人所居。

《广雅·释诂》二:丘,居也。三:丘,众也。又丘,空也。

丘指居地,空指所居。义得相通。后迁平地,则丘空皆为空虚义。

《释名·释州国》:丘,聚也。

聚众丘居,故有营窟。谢灵运《辞禄赋》:反褐衣于丘窟。

《书·禹贡》:降丘宅土。《风俗通义》:尧遭洪水,万民皆山栖巢居以避其害。禹决江疏河,民乃下邱,营度爽垲之场而邑落之。

是谓尧遭洪水,民始升丘,实失古义。盖古人自畏平地低湿,故居丘,不因洪水也。

《史记》:黄帝居轩辕之丘,娶于西陵之女,生二子,其一曰玄嚣,是为青阳,降居江水。其二曰昌意,降居蜀水。

是谓黄帝居丘,其所娶亦陵居之女,其二子始降居近水也。

《左》昭公十二年《传》：八索九丘。贾《注》：九丘，九洲亡国之戒。

　　《家语》注：九丘，国聚也。

是谓故国皆居丘也。

一〇　释　　虚

　　《说文》：虚，大丘也。

今按：邱墟皆指故为人所居。故称帝邱，商邱，夏墟，殷虚。鲁、少皞之虚。卫、颛顼之虚。陈、太皞之虚。郑、祝融之虚。齐、爽鸠氏之虚。《左传·疏》：虚，旧居之处也。是证古史传说诸帝皆山居，其民亦皆山居也。

　　《易·升卦》：升虚邑。马融《注》：大邱也。
　　《诗·卫风》：升彼虚兮。毛《传》：虚，漕虚也。

此皆指虚为高地，人所居处。古地以丘名者如营丘、商丘、楚丘、灵丘、葵丘、陶丘、瑕丘、顿丘、亩丘、宗丘、旄丘、阿丘之类，即就见于《左传》一书者言，殆已不可胜数。盖古人其先皆居丘，故所居地亦以丘为名。《尔雅》于《释地》之下，《释山》、《释水》之前，特立《释丘》一章，可见古人对丘之重视。

一一 释 岳

徐灏《说文段注笺》:古文𶲠,上体即丘字。山上加丘,极高峻之意。汉隶岳正从丘,此隶变未失,而篆体反讹者也。

《书·尧典》:帝曰咨四岳。孔《传》:四岳,官名,一人,而总四岳诸侯之事也。

今按:虚为大丘,岳亦大丘也。古人聚族而居,皆在高丘,故言古帝王之居皆曰虚,而诸侯邦国则曰岳。《书》言四岳,犹言四方诸侯,亦犹《左传》言九丘。九者多数,九丘不必限于九,四岳当亦不限于四。后人争言四岳五岳,皆失其本义。又三苗之分居三危,亦以居山地,如云四岳九丘也。

《史记·伯夷传》:舜禹之间,岳牧咸荐。

岳言其居处,牧言其生业。古人居岳而牧,故其首长亦言岳牧矣。

一二 释 阜

《说文》:自,大陆山无石者,象形。𨸏古文。

又《说文》:嵒,山岩也。徐铉曰:从品,象岩崖连属之形。

王筠《说文释例》云:𨸏之𠁁与嵒之品同意,皆象山中岩穴形。

戴侗曰：阝，山之冈陇坡坨下弛者也。山峰峻峙，冈阝侧注，故阝从侧山。

又曰：屾，小山也。故其文眠屾而杀。阝，小阜也，故其文眠阝而杀。

《广雅》：无石曰阜。

《苍颉篇》：阜，山厚而大也。

《尔雅》：高平曰陆，大陆曰阜，大阜曰陵。

《诗·大叔于田》：火烈其阜。

《左传》：鲁公伯禽宅曲阜之地。

今按：阜字古文上有㗊，当如徐铉、王筠之释。盖阜高无石，众居所聚，因引申而为财用之厚，故阜有丰盛义。

一三　释　陵

《说文》：陵，大阜也。

《广雅·释丘》：四隤曰陵。又曰：小陵曰丘。

《素问·异法方宜论》：西方者，其民陵居而多风。北方，其地高，陵居。

今按：古人复姓如吴季子之后为延陵氏，齐有于陵仲子，《战国策》有安陵君，《吕氏春秋》有铅陵卓子，秦有高陵君，楚有公子食采于邓陵，后以为氏。此皆古人居陵之证。

一四 释 阿

《说文》:阿,大陵也;一曰曲阜也。
《史记·黄帝纪》:邑于涿鹿之阿。
《盐铁论·险固》篇:晋有河华九阿,而夺于六卿。

晋有九阿,正言其民阜物丰。九阿犹言九丘也。

一五 释 陆

《说文》:陆,高平地,从𨸏从坴,坴亦声。又《说文》:坴,土块坴坴也。

今按:汉县有名陵者,王莽皆改曰陆。如湖陵曰湖陆,迁陵曰迁陆,江陵曰江陆。阴陵曰阴陆,桢陵曰桢陆,猛陵曰猛陆。此证陵陆字义本相通。陆从𨸏,象其地高。从坴,象其多土。故𨸏训大陆,陵训大阜,阿训大陵,其实皆可谓之陆也。《诗·卫风·考槃》,在阿在陆连用。

《汉书·东方朔传》:所谓天下陆海之地。《注》:关中物产饶富,是以谓之陆海也。

今按:关中地形,多陵阜丘阿,古谓之陆,今称高原。

《史记·秦始皇本纪》：略取陆梁地为桂林、象郡。《正义》：岭南之人，多处山陆，其性强梁，故曰陆梁。

今按：陆梁双声字。梁即陆也。故楚人沈诸梁字子高。《禹贡》华阳为黑水梁州，今分属陕西甘肃湖北四川诸省，亦以其地高，故得梁名。秦时岭南人殆亦居高地，故称曰陆梁，非谓其性强梁也。

《禹贡》：大陆既作。孔《传》：大陆之地已可耕作。

今按：《尔雅》晋有大陆，乃泽名，一为修武吴泽，一为巨鹿广阿泽。泽名称陆，殆亦不指在平地。古多山泽连言，宋荡泽字子山。《家语》，放牛马于原薮。原薮连称，亦犹山泽连称也。

《释名》：高平曰陆。陆，漉也，水流漉漉而去也。
郝懿行《尔雅义疏》：陆阜陵阿皆土山也。

古者高原亦多水泽流漉，故泽名巨鹿，又称广阿矣。

一六 释阪

《说文》：坡者曰阪，一曰泽障也，一曰山胁也。
《帝王世纪》：舜都蒲阪。
《左传》文公十六年：楚人谋徙于阪高。

《诗·小雅》:瞻彼阪田。

　　《诗·郑风》:东门之墠,茹芦在阪。

　　《易·说卦传》:其于稼也为反生。叚反为阪,即阪生。

　　《淮南·齐俗训》:陵阪耕田。

此皆古人居阪阪耕之证。

一七　释　隰

　　《说文》:隰,下湿也。

　　《尔雅·释丘》:下湿曰隰。又曰:可食者曰原,陂者曰阪,下者曰隰。

　　《禹贡》:原隰底绩。阪险原隰,土地所宜,五谷所殖,以教导民。

　　《月令》:善相邱陵。

　　《诗》:于彼原隰,原隰裒矣,昀昀原隰,原隰既平,度其隰原。

今按:阪隰皆从阝。皆可耕,下湿者,乃指阪地下湿,非指平地。原隰之原,亦仍指高地言。

一八　释　原

　　《说文》,邍,高平之野,人所登。

今按:邍指高地,故曰人所登。又从辵。后人以原代邍,又别制源字,原之本义遂荒。

《诗·大雅·公刘》之篇:笃公刘,于胥斯原。陟则在巘,复降在原。笃公刘,瞻彼溥原,乃陟南冈,乃觏于京。度其隰原,彻居允荒。

又《大雅·绵》之篇:周原膴膴。

又《皇矣》篇:度其鲜原,居岐之阳。

又《小雅·信南山》:信彼南山,维禹甸之。畇畇原隰,曾孙田之。

是西周初人皆居原地耕作也。

《禹贡》:既修太原,至于岳阳。又大野既猪,东原底平。

《左》僖二十八年《传》:原田每每。

《鲁语》:高山峻原。

此皆原为高地可耕之证。《周礼》太宰注,郑众云:三农,平地山泽也。郑玄云:原隰及平地,此见原隰与泽之皆非指平地。

一九 释 衍

《周官·邍师》:掌四方之地名,辨其邱陵坟衍邍隰之名物之可以封邑者。

今按:邱陵字,原隰字,皆释如上。坟为高地,不释可知。此条惟衍字当另释。

《说文》:衍,水朝宗于海也。从水从行。

此不见其为地之高低。

《易·需卦》:需于沙,衍在中也。虞《注》:衍,流也。
《穆天子传》:东征,南绝沙衍。辛丑,渴于沙衍,求饮未至。郭璞云:沙衍,水中有沙者。

今按:衍字释为水中有沙,不如释为沙中有水之允。盖水在沙中流为衍,在沙中而犹衍,故知其必朝宗于海也。故《广雅》:衍,达也。乃以见其不达不止之义。然则沙中有水之衍地,其仍非低湿之地可知。

《史记·封禅书》:止于郦衍。
《汉书·郊祀志》李奇《注》:三辅谓山阪间为衍。

此解得其本义。

扬雄《甘泉赋》:凌高衍之嵱嵷。

衍指高地,此又其证。

二〇 释京释师释宣

《说文》:京,人所为,绝高丘也。从高省。

《尔雅·释丘》:绝高谓之京,非人为之丘。

《诗·大雅·公刘》之篇:笃公刘,逝彼百泉,瞻彼溥原,乃陟南冈,乃觏于京。京师之野,于时处处,于时庐旅。

又:笃公刘,于京斯依。

桂馥《说文义证》:《九经字样》,京,人所居高丘也。本书,丘,土之高也,非人所为也。浅学因京观人所筑,改本书"人所居"作"人所为"。

《广雅》:四起曰京。

今按:师字从帀从自,自之四围而周帀,即京之四起也。《诗》云:京师之野,于时处处,于时庐旅,即相择此丘阜四起周帀之形势之地而定居。故京师乃人所居。后人以京为大,师为众,京指其都邑,师指其居户。非本义。

《国语·晋语》:赵文子与叔向游于九原。

《礼记·檀弓》:是存要领以从先大夫于九京也。

九原九京互用,就其冈阜四起周帀而言曰京,就其冈阜四起周帀之成为一片平野而言曰原。《诗》言:京师之野,野即原也。其原有冈阜四起,则原即京也。生人居于斯,死亦葬于斯。生人之居,渐降而迁于平地,而死人之葬仍择京丘高区,于是九京乃专指墓地。舜葬于九疑,亦犹言九京也。又按:殷墟卜辞地名京者亦多见,初不指国都所在。

章炳麟《神权时代天子居山说》谓:《说文》云:山,宣也。以声为训,明古山宣不殊,而宣为天子正居。周有宣榭,汉有宣室。此皆因仍古语。天子正居所以名宣者,正以其在山耳。

今按:《淮南子·本经训》,武王破纣牧野,杀之宣室。是殷时已有宣室之名。《史记·龟策传》云:武王围纣象郡,自杀宣室。徐广曰:天子之居,名曰宣室。今按:徐说是也。此盖统以帝王之居曰宣室,非谓于宫中有某室曰宣室,如汉制也。又皇甫谧《帝王世纪》:纣赴于京,自燔于宣室而死。以帝王之宫曰宣室,正犹以帝王之都曰京师也。章氏谓其因仍古语,盖得之。

《诗·大雅·绵》之篇:乃慰乃止,乃左乃右,乃疆乃理,乃宣乃亩。

今按:宣字从宀,本义即为居室。此云乃宣乃亩者,于决定居止之后,疆界既划,乃治其居室与耕作之田亩也。则宣之为室,初不专属于帝王之宫,亦犹京之为邑,初不专属于天子之都也。

二一　释索释典

《左》昭十二年《传》：是能诵三坟五典八索九丘。

今按：九丘已说在前。京是丘之四起，索疑指丘阜之纠结合聚或连绵如绳索状也。楚汉兵争，相持于荥阳成皋京索之间，此一带地多冈阜，京索殆正以山形名地耳。《左传》定公四年，殷民六族有索氏，索为地名，更是一证。又曰：封于殷虚，启以商政，疆以周索。封于夏虚，启以夏政，疆以戎索。旧注：索，法也。谓以周法戎法定其封疆，此实不辞。盖晋人深山之居，戎狄之处，疆以戎索，谓以戎狄居地为其四疆也。卫则以周人之居地为之疆，而居地称索，则犹有乘高丘居之意焉。京之名既泛及各地，索亦宜然。则八索九丘，亦犹言八索九京，即犹言多方列国矣。

丘索义既相近，坟典连用，宜亦类似。《集韵》：腆，厚也。《玉篇》：寅，山下穴也。又腆，厚也。《书·大诰》：殷小腆，诞敢纪其叙。孔《疏》：殷本天子之国，武庚比之为小，故言小腆。郑玄云：腆谓小国也。《左》昭七年《传》：郑虽无腆，抑谚曰蕞尔国。蕞尔国，犹言小腆矣。此郑君以国训腆之确证。又僖公三十三年，曰：不腆敝邑。襄公十四年，曰有不腆之田。或说腆字当作埍。要之谓土田之厚，因以指国邑。凡属从典之字类叙其义，而典之本义亦约略可推矣。坟指其土之高，亦指其土之膏肥，此亦皆厚义。古人居坟腆之邑而成国，记其事则谓之典籍，故曰三坟五典八索九丘,犹之言百国宝书也。然则坟典索邱之为故国居邑,而皆以高地丘阜得名,又何疑焉。

二二 释 方

《说文》:方,并船也。象两舟省,总头形。

今按:此决非方字本意。方盖指居地。

《易·观卦》:先王以省方观民设教。
又《复卦》:后不省方。
《诗·大雅·皇矣》:监观四方,求民之瘼。
《诗·国风·召南》:维鹊有巢,维鸠方之。

方即居也。故方犹言国。

《诗·大雅·皇矣》:询尔仇方。
《诗·大雅·大明》:以受方国。
《书·多方》:告尔四国多方。

《康诰》、《召诰》、《洛诰》皆言四方民,而《多士》、《多方》皆言四国民,可证方国同义。殷墟甲文,尤多其证。

《晋语》:晋国之方,偏侯也。

此犹言晋之为国,方亦国也,而兼等别义。《论语》子贡方人,即等别人也。盖国有大小偏中,凡诸等别,皆就其居地而见。

《越语》:皇天后土四乡地主正之。韦昭《注》:乡,方也。

四乡犹言四方,则方之为居地,岂不益显?

《诗·商颂》:禹敷下土方。
《楚辞·天问》:禹之力献功,降省下土方。

土方并言,皆指地。若加分别,则土指耕地,方指居地。

《诗·小雅·甫田》:以社以方。
《诗·大雅·云汉》:方社不莫。
《墨子·明鬼下》:祝社方。

社方连言,皆指祭,所祭皆地祇,惟社祭耕作神,故以社为田主田祖。考之甲文卜辞,殷人有社无稷,盖社神已包其义矣。方祭居住神,如祭山川四方皆谓之方祀,凡地皆居住有神也。

《广雅》:轸崯矩陳崖厉,方也。
《庄子·秋水》篇:泛泛乎若四方之无穷,其无所畛域。
王念孙曰:轸与畛通,崯与域通。

则方有界别义,故曰地方。方又有高义,封域畛陌皆高出,与隒崖厓同。故知方之为地寓高义也。

  《左》僖四年《传》:楚国方城以为城,汉水以为池。
  《齐语》:逾方城。韦昭曰:楚北之厄塞也。
  《吕览·慎行》:将以方城外反。高诱曰:楚厄塞也。

汉水非池,知方城非城,特以山高若城,故从方之字如防如坊,皆有高义。《禹贡》有熊耳外方桐柏,又有荆山内方大别,则方有高义益显。然则古国称方,正以其居高。方岳连称,岳则尤其高者。又按:秦称天子冢曰山,汉曰陵,然陵之圹穴则称方,如言方上。

  《汉书·赵广汉传》:护作平陵方上。《注》:方上,谓圹中也。亦称方中。
  《汉书·张汤传》:调茂陵尉,治方中。师古曰:古谓掘地为坑曰方。

颜氏此语,尤堪注意,然则古人居高穴地,皆可于方字得证矣。

二三　释祊

  方字之义既明,乃可继说祊字。

    《诗·小雅·甫田》:以社以方。毛《传》:方,迎四方气于郊也。

社、方皆祭地示,已说在上。

　　《诗·小雅·大田》:来方禋祀。

今按:《书·尧典》,禋于六宗,谓四方上下,则方祀亦有禋。

　　《诗·小雅·楚茨》:祝祭于祊。毛《传》:祊,门内也。
　　郑《笺》:孝子不知神之所在,故使祝博求之平生门内之旁,
　　待宾客之处。

今按:祊字从方,方祭既为地示,知祊亦非祭人鬼。且祭先祖,有庙有主,何谓不知神之所在乎?

　　《周礼·大司马》:仲秋教治兵,罗弊致禽以祀祊。郑
　　《注》:祊当为方,主祭四方报成万物。

据此,知祊即方祀,不烦改字也。

　　《左》襄二十四年《传》:保姓受氏,以守宗祊。
　　《周语》:今将大泯其宗祊。杜预、韦昭注,皆曰:祊,庙门。
　　《说文》鬃或作祊。其说曰:鬃,门内祭先祖,所以彷
　　徨。从示彭声。

《诗》曰:祝祭于祊。

沈涛《说文古本考》:《诗·楚茨》、《尔雅·释官》《释文》,皆引作门内祭先祖所彷徨也。是古本无以字,有也字。盖祊为索祭之名,所彷徨,犹言彷徨求索之处。以字乃浅人所加。

今按:《说文》与毛《传》同,祊训门内之祭,与毛《传》、《说文》异。杜韦说之为庙门,庙门非即是庙,宗庙岂得称宗祊乎?其字从方从彭,均不见有门义,乃以彷徨说之,许君说此已实为牵强。所彷徨与彷徨求索又不同,沈涛氏之说更误。

《戴礼·郊特牲》:直祭祝于主,索祭祝于祊,不知神之所在于彼乎?于此乎?或远诸人乎?祭于祊,尚曰求诸远者与?《注》:索,求神也。庙门曰祊。《正义》:祭于庙门。凡祊有二种,一是正祭之时,求神于庙门之内,《诗·楚茨》祝祭于祊。二是明日绎祭之时,即上文云祊之于东方,《注》云:祊之礼宜于庙门外之西室是也。

今按:如《正义》所分疏,混门于庙门,又兼说门内门外,何其无定准乎。

又《郊特牲》:绎之于库门内,祊之于东方,朝市之于西方,失之矣。《注》:祊之礼宜于庙门外之西室。《正义》:祊之礼宜于庙门外之西室者,下索祭文祝于祊,是为祭设,故当在庙门外。又《释宫》云：闬谓之门。孙炎云：谓庙门外。又引《诗》云：祝祭于祊。故知庙门也。知庙门外者，《礼器》云：为祊乎外。故知在外也。以西是鬼神之位，室又求神之处，故知在庙门外之西室。

今按：《正义》所云，望文牵说，想像之辞，非有明据确证也。

又《礼器》：设祭于堂，为祊乎外。故曰：于彼乎，于此乎？《注》：谓之祊者，于庙门外之旁，因名焉。于彼乎于此乎，不知神之所在也。

今按：此处又谓是门旁，与门内门外之说又不同。且无论内外之与旁，与西室之内仍不同。且祊字之从方，究为旁义，抑为彷徨求索义，又不同。不先定其所祭，而遽论其祭之所在，又何以知所祭之必为先祖乎？汉儒解字考礼乃有游移影响如此者。今去古已远，舍汉儒遗说，更无可据，别为推测，姑备一说如次。虽非说经之正规，抑亦不得已而出此，非好立新说也。

盖祊字从示从方，决为祭地示，与社祭属同类，故古人亦常连言，如《甫田》之诗，以社以方，方即祊也。方与社之不同，方祭在门内，而社祭则在门外。毛《传》谓是门内祭，其说殆有所承，惟久而昧失其义，遂误为祭先祖。

《周礼·小宗伯》：右社稷，左宗庙。郑云：库门外，雉门外之左向。右为群姓立社者，在库门内之西。

今按:入库门,则至庙门外矣。许君《五经通义》,《续汉书·郊祀志》,均无大社在中门之外。中门之外,即库门之内也。鲁之外朝,在库门之内。东有亳社,西有国社。亳社,即《穀梁传》所谓亡国之社以为朝屏。亡国社在库门内之东,国社当在库门内之西。即中门外之西也。据此,则《礼器》云:设祭于堂为祊乎外者,祊祭类于社,故在庙门之外,亦即在库门之内也。《郊特牲》云:祊之于东方,失之矣者,亡国之社在东,国社乃在西,祊犹如社,自宜祭于西也。

或疑祊若是社,何以又谓《甫田》之诗方在门内而社则在外乎?曰:

> 《戴礼·祭法》:王为群姓立社曰大社,王自为立社曰王社,诸侯为百姓立社曰国社,诸侯自立为社曰侯社,大夫以下成群立社曰置社。《注》:大夫以下,谓下至庶人也。大夫不得特立社,与民族居,百家以上则共立一社,今时里社是也。

《甫田》之诗,正是大夫以下,置社以祭田神,《诗》谓之田祖,此乃里社,故知不在家门之内也。然大夫以下虽不得专立社,在其家门之内,实亦各自有其变相之祭地示者,是即祊矣。盖家宅必占土地,各祭其家宅土地之神,是即祊,一家之有祊,亦犹之一里之有社也。

若依此说,乃可解于保姓受氏以守宗祊之语义。方本指居地,祊之所祀,即祀其所居地之神。保姓受氏,则必有先祖,故有宗以祭。又必有家室，家室必有占地，则有祊以祭。宗祊连言，其本义当如此。

或疑宗祊之名，已见于殷墟之卜辞。有曰即于宗，即于祊，似祊祭亦为先祖人鬼。何谓祊祀乃地示乎？曰：祭地示之与祭人鬼，其间本无严格之界域。如禘为祀远祖之祭，又为祀天之祭。社祭地，稷则祭人矣。殷人有社无稷，周制兼有社稷，故郑玄以社所祭为地神，而王肃则以为人鬼。如《春秋传》共工之子句龙为社神，即是人鬼也。则祊祭本为祭地神，后乃兼及人鬼。亦复何疑？保姓受氏，世禄之家，生于斯，长于斯，老于斯，死于斯，长子孙于斯。子孙祭其家之地神，乃旁及其家之先祖，亦其宜也。

或疑如此则宗与祊又何别。曰：祭先祖于宗，然有远祖焉，有旁支焉，凡我族之为鬼而不克祭于宗者，则皆得祭于祊。故《郊特牲》曰，直祭祝于主，索祭祝于祊，不知神之所在，于彼乎，于此乎，或远诸人乎？祭于祊，尚曰求诸远者与？今以祊之为祭，混于有庙有主之神而说之，则失其义矣。所以谓之索祭者，正谓其无庙无主也。《郊特牲》上文又云：蜡也者，索也。合聚万物而索飨之。又曰八蜡以祀四方，则蜡为索祭。祊祭地神，兼及远祖旁支，其祭亦以蜡为类，故亦得谓之索祭也。盖不知其处而求索以祭之者。而岂直祭之神而有待于求索乎？

或疑祊祭诚如所论，则所谓祊者究何在，于经传复何据。窃谓若有明据，则先儒固已言之。惟因其于经无明据，故自汉儒以下，乃皆不得其说，而惟望文而推测。今欲重于经文求明据确证，此固决不可得矣。而犹可旁推以说之者。今试再为推说。

按《戴记·祭法》：王立七庙，一坛一墠；诸侯立五庙，一坛一墠；大夫立三庙，二坛；适士二庙，一坛。《说文》：坛，祭场。墠，除地祭处。筑土为坛，除地为墠。《荀子》言坛宇，楚辞言堂坛。坛虽适士亦有之，其处必在庙之外，门之内。《祭法》又曰：远庙为祧，去祧为坛，去坛为墠。则凡不祭于庙祧之远祖，乃得祭于坛墠，而坛墠者，除地，筑土，本以祭地示，则正与余上考祊祀适合。古者天子有封禅。封土为坛，除地为墠。若求《祭法》之说，则不惟天子有封禅，虽适士之家，有坛有墠，亦可以祭地，是亦即封之以禅也。观于《祭法》之有坛，亦可知《甫田》以社以方之方即社，而《郊特牲》索祭于祊之祊非庙矣。惟自来说经者未有及此。余之此说，虽若证据通明，然要非说经之正规。惟读者通观于我此文上下之所论，当可肯信其说，不讥为背先儒而创别解也。

二四 释匚释囗释囩

《说文》：匚，受物之器，象形，读若方。

《六书正讹》：匚，本古方字，借为受物器。

《说文》：囗，回也，象回帀之形也。

《玉篇》：囗，古文围字。

《字汇》：囗，古文国字，又古作方圆之方。

今按：此匚字，说者多以为方圆之方之本字，窃疑匚亦掘地为坑之方之本字也。象形，缺在侧。古人穴居，非掘地向下，乃侧开

65

其一面，故缺不在上也。穴以居人，转为受物之器。棺柩字，工匠字皆从匚，义可推寻。《说文》匚部匚与匸部匸分别，如匸部医字，窃疑或当从匚，语详下。

囗象回帀，其形可方可圆，《正字通》驳《字汇》，实为未是。

《鲁语》：有虞氏禘黄帝而祖颛顼，郊尧而宗舜。夏后氏禘黄帝而祖颛顼，郊鲧而宗禹。商人禘舜而祖契，郊冥而宗汤。周人禘喾而郊稷，祖文王而宗武王。幕能帅颛顼者也，有虞氏报焉。杼能帅禹者也，夏后氏报焉。上甲微能帅契者也，商人报焉。高圉太王能帅稷者也，周人报焉。凡禘郊宗祖报此五者，国之典祀也。韦昭《注》：报，报德之祭。

今按：殷墟甲文报祭"报"字正作匚，据此论之，亦可谓"祊"之为祭亦报祭也。

《郊特牲》：社所以神地之道也。地载万物，天垂象，取财于地，取法于天，是以尊天而亲地也。故教民美报焉。家主中霤，而地主社，示本也。

此见社与中霤，同为报本之祭。

《郊特牲》又曰：郊之祭也，大报本反始也。蜡之祭也，主先啬而祭司啬也，祭百种以报啬也。

是则郊亦报也,蜡亦报也。凡祭之远于人者始曰报。报者,报德之祭。祭父母先祖则不曰报,惟祭天神地祇始曰报,人鬼之远者亦得称报,如商之报上甲微,而于契之与汤则不曰报也。故祭人鬼而不在近支直祭之系统者,亦得有报祭。《鲁语》以禘郊宗祖报为国之五典祀,盖以报为介乎禘郊宗祖之间而别立为一类。祊即报也,乌得与宗祖之庙祭混而一之乎？

释　□

殷墟甲文中复有□字,说者亦以为即祊。

《说文》:□,回也,象回帀之形。
《玉篇》:□字,古文围字。
《字汇》:□,古文国字,又古作方圆之方。

今按:□作国字用,则正与方字相同。谓象回帀,其形可圆可方,饶炯《说文解字部首订》,谓□为方正之方最初古文,《六书分类》方下有古文□可证。又谓日即旁之古体。其说良是。惟甲文中匸与□显有辨。甲文言行祭事于□者非一,又言匸于□,匸作动词,即报祭,而□则为行祭之处。窃疑即象坛场之地形也。故甲文复有□门连言,则指通此坛场之门也。□宗连言,即犹言坛庙也。故知说□为祊字并不误,误在墨守汉儒祊乃庙门之故训,则祊已是门,何以又言□门。祊乃宗庙之门,何以又言□宗。此皆无说可通者。今本诸甲文匸□两字,亦可证祊乃指地祇之祭,同时指其行祭之所,则为门内庙外之坛埠也。

二五 释 阓

《尔雅》:阓谓之门。

《玉篇》:阓,宫中门也。亦巷门也。

今按:祊祭不在庙,有别体从门作阓者。后儒以此门字说为庙门,其误已辨在前。

《月令》:孟冬之月,天子乃祈来年于天宗,大割祠于公社及门闾,腊先祖五祀,劳农以休息之。

今按:此条有门闾之祭,疑即《尔雅》阓字所指。其祭与社祭同类连及,祭社又祭门闾,亦犹《甫田》之以社以方也。社祭门祭之外复腊先祖五祀,则犹《楚茨》之既祭于祊,祀事孔明,而又曰先祖是皇,神保是飨也。《甫田》、《楚茨》、《大田》皆劳农之诗。蜡祭主先啬而祭司啬,亦为农事。故知《郊特牲》言索祭祝于祊,实与蜡为同类。不得以宗庙祭先祖说之也。

《月令》:季春之月,九门磔攘,以毕春气。季冬之月旁磔,出土牛,以送寒气。《注》:旁磔于四方之门。

今按:方祀有为劳农报功者,亦有为祓禳除灾者。殷墟甲文,亦有宁雨于土宁雨于方之卜,于土于方,犹即《甫田》之以社以方也。此等祓禳，似亦可归入门祭之类。则《尔雅》阅字，或亦可兼指及此。

二六　释霤释廇

《说文》：霤，屋水流也。从雨，留声。

《释名·释宫室》：中央曰中霤，古者复穴，后室之(句)。霤，当今之栋下，直室之中，古者霤下之处也。

《说文》：廇，中庭也。从广，留声。

徐锴曰：礼，其祀中廇，今皆借霤字。

《月令》：中央土，其神后土，其祀中霤。《注》：中霤，犹中室也。古者复穴，是以名室为霤。《疏》引庾蔚之云：复者，谓地上累土为之，穴则穿地也。复穴皆开其上取明，故雨霤之，是以后名室为中霤也。

《独断》：霤神在室，祀中霤，设主于牖下也。

韦昭：古者穴居，故名室中为中霤。

今按：许君于文字构造与古人穴居之关系，每不能有所发明，上引其说霤字廇字亦是一例。王筠曰：据屋言之谓之廇，据雨言之谓之霤。盖古者因广穴居，其室中人居处，即有滴水，故就制字之初言，霤即廇也，义非别指。至于如庾蔚之说，开其上以取明，当系稍后之制，未必在穴居之初即然也。

《郊特牲》：社所以神地之道也。地载万物，取财于地，故教民美报焉。家中主霤而国主社,示本也。

《左》昭二十九年杜《注》:在家则祀中霤,在野则为社。《疏》引刘炫曰:天子以下俱荷地德,皆当祭地,但名位有高下,祭之有等级。天子祭地,祭大地之神也。诸侯不得祭地,使之祭社也。家又不得祭社,使祭中霤也。霤亦地神,所祭小,故变其名。

今按:中霤之祭乃祭地神,惟其等级小,所谓地者,仅限于家宅之内地。然要之与社祭同为祭地,故曰社神亦中霤神也。又曰:中霤亦土神也。又曰,神在室中。此皆明言中霤之祭乃祭地,窃疑祊祭之最初,当即是祭中霤也。

《月令》:孟冬之月腊先祖五祀。《注》:门户中霤灶行。
《吕览》:孟冬飨先祖五祀。《注》:户灶中霤门井。
《祭法》:王为群姓立七祀,曰司命,曰中霤,曰国门,曰国行,曰泰厉,曰户,曰灶。诸侯为国立五祀,曰司命,曰中霤,曰国门,曰国行,曰公厉。大夫立三祀,曰族厉,曰门,曰行。适士立二祀,曰门,曰行。庶士庶人立一祀,或立户,或立灶。

今按:宫室之制日进,而祭祀之礼亦日增日变,门户井灶诸祭皆后起,以祭中霤与此诸祭并列,则不见祭中霤本为祭地神之最初义,而以社以方与以守宗祊之最先来源亦渐晦,使后人不得其正解。余上文言祊为门祭,此又说为中霤祭,则因礼俗随时而变,固不得据一时为定说也。如蔡邕言中霤祭在牖下,此亦递有变而始然矣。

二七　释丙释丙

《左》隐八年《传》:郑伯使宛来归祊。杜《注》:郑有助祭泰山汤沐之邑在祊。

今按:《曲礼》诸侯方祀。孙希旦《集解》谓祭四望之在方者,如鲁祭泰山,晋祭河是也。诸侯方祀即地祇也。《郊特牲·疏》:卿大夫之家主祭土神在于中霤。若通言之,此亦一种地祇,即方祀也。方特以指其祭地神,而所祭之地有大有小。春秋之郑即以从天子助祭泰山之汤沐邑而径名之曰祊,尤见祊与方同属一种对地神之祭之明证。然考《公羊传》,此祊字作邴。《公羊》曰:

邴者何,郑汤沐之邑也。天子有事于泰山,诸侯皆从。泰山之下,诸侯皆有汤沐之邑焉。

今按:如柄与枋,祊与邴,皆从方从丙之字可以相通之证。然求之许君书,则殊不见其可以相通之理。

《说文》:丙,位南方,万物成炳然。阴气初起,阳气将亏,从一入冂。一者阳也。丙承乙,象人肩。

俞樾《儿笘录》:许君以干枝字皆其本义,故多附会。

丙者,炳之古文。古人居窐穴,皆开其上以取明,因有中霤之名。丙之为字,其上作一,其下作冂,其中作入,阳气入乎所冒之中,正窐穴上受天光之象,故其义为明。《月令》篇:其日丙丁。郑《注》:丙之言炳也。《释名·释天》,《广雅·释言》,并曰:丙,炳也,盖以今字释古字。

今按:俞氏谓丙象中霤,正与余上所论祊为中霤之祭可相发明。又按:

《说文》:匢,侧逃也。从匚,丙声。(声字衍。)

《尧典》:明明扬侧陋。说者曰:侧陋,隐藏不出义,即逃义。此因许书以匢字归入匸(音奚)部,故如此说之。窃疑此字当归入匚(音方)部。言屋室之隐藏无光处也。丙字父丙爵作闪,其他古籀文大体相似,正象光由屋顶上入,分射两旁,光之所射则为明为炳,光之所不射则为隐为匢也。丙方旁古同音,许君谓丙象人肩,今人犹称肩髈。

《尔雅·释鱼》:鱼尾谓之丙。

此因鱼尾如燕尾,皆两歧分出,如古文丙字形也。然则掘地为坑曰方,光从顶入曰丙,二字音义之相通,非从古人之穴居说之,必不得其解矣。

自穴居至于有文字,又下历殷周至于春秋战国之际,礼俗之变至难言矣。如上文之所推测,其先有祭中霤,即一室之神也。嗣后有祭屋宅之神,则既非穴居之时矣。复由祭屋宅之神而推及于居此宅者之远祖旁支凡家人之为鬼而不在宗庙之祭祀之内者,此等之祭,皆与从示从方之祊字有关。则祊之为祭,其性质可知。而方字之本义指人之居土,亦更可定矣。

二八　释氏释部

《说文》:氏,巴蜀山名,岸胁之旁箸欲落堕者曰氏。氏崩声闻数百里,象形。扬雄赋:响若氏隤。

今按:此决非氏字之本义。《刘申叔遗书·古政原始篇》第二篇《氏族原始论》谓:

古《孝经纬》有言:古之所谓氏者,氏即国也。《左传》曰:胙之土而命之氏。古时之氏,大抵从土得名,无土则无氏矣。

又曰:

《禹贡》曰:锡土姓,土即氏也。后世以邑为氏,以官为氏,以字为氏,皆后起义,与古代以国为氏之义迥别。

今按:《尧典》:方命圮族。《说文》:圮,毁也。又曰:山无草木曰圮。盖古氏族皆居山，毁其族，斯杀其居，使山无草木矣。《书序》：祖乙圮于耿，张衡《思玄赋》，睹有黎之圮坟，皆是也。氏字又作坁。

> 应劭曰：天水有大坂名曰陇坁，其山堆旁著崩落作声闻数百里。故曰坁隤。

其字又作阺，作坻。

> 《说文》：秦谓陵阪曰阺，从𨸏氏声。
> 《后汉书·隗嚣传》：使王元据陇坻。《注》：坻，坂也。

然则氏之为土，乃山坂之土，非平地之土亦可知。

> 《说文》：陇，天水大阪也。从𨸏龙声。
> 应劭曰：天水有大阪，名曰陇阪。《三秦记》：陇阪九回，不知高几许。欲上者，七日乃得越。绝高处可容百余家，下处容十万户。山顶有泉，清水四注，东望秦川，如四五百里。人上陇者，想还故乡，悲思而歌。

此言陇坂居户之盛。虽非言其为穴居，而古人陵阪穴居之情况，亦可据此想像。盖古人居山阪，氏即阪也。故曰某氏，犹言某地耳。大体言之，称氏似最前，称方次之，称国称人则在后。如陶唐氏有虞氏夏后氏皆称氏，而商人周人皆称人，然则陵阪穴居，其风或自殷商以下而渐息也。

又按：示部祇字为地神，若氏字如许君所训，则神祇字何义从之。又说者必分别阺与陑为两字，则祇与祗何以可通。又如胝与胵，疻与痕，眠与瞑，皆可通，则阺之即陑，亦复何疑。

《说文》：部，天水狄部，从邑，音声。

按：古邑名多从山，地名于旁增邑。《左传》襄公二十四年：部娄无松柏。应劭《风俗通·山泽》：部者，阜之类。《吕氏春秋》曰：黎丘北部。部字当通用陪。《说文》：陪，重土。朱骏声曰：重阜也。《左传》定公二年：分之土田培敦。《禹贡》：熊耳外方桐柏，至于陪尾。扬雄《太玄》云：分州部。沈约《齐故安陆昭王碑文》：监督方部。盖部即邱阜，而兼分别布列之义，许君《说文·序》所谓分别部居不相杂厕是也。中国人分别而居，则曰某氏某氏，于四裔之分别而居，则称之曰某部某部。《后汉书·南蛮传》：其山有六夷七羌九氐，各有部落。又《鲜卑传》：由是部落畏服。及此言狄部，皆是也。而要之氏之与部，皆以其居高而名。

二九　释氐释厥

《说文》，氐，木本，从氏，大于末，读若厥。

孔广居《说文疑疑》：氏训山岸之欲陊落者，与木本义无涉。

徐灏《说文解字注笺》：氐与氏本一字，中画逗下，与丕之作平同例。

今按:孔徐两说,可以正许君之讹矣。

　　《说文》:厥,发石也。段《注》:发石,故从厂。此厥之本义。若《释言》曰:厥,其也。此假借也。假借盛行而本义废矣。

今按:氏字本指阪坻,人所居处。氏下加一为氐,加十为辛,即指其所居。字又作厥,从厂,厂即阪阺穴居之象形也。氏为是而辛与厥为其,此训当早于发石矣。

三〇　释底释氐

　　《说文》:底,山居也。一曰下也。从广,氏声。

今按:氐即山居也。许君训底为山居,得其本义矣。凡从厂之字,皆指坻阜山岩,广则厂上有居处也。底字当从广从氏,氏亦声。若氏训为阺崩,则底字从氏,义不可说。

　　《后汉书·光武本纪》:冯异与赤眉战于崤底。《注》:阪也。

古人居阪,即居底也。此底字本训山居,而后世少用此义,段氏

《说文解字注》乃谓山当作止,不悟厎训下,乃常义,至训止居,其例甚少,遇古书索解不得,暂当存疑,专辄轻改,此亦段氏之一失也。

厎字亦可作底,从广与从厂之字多可通。

《说文》:厎,柔石也。从厂,氐声。又砥,厎或从石。

今按:厎有平义。

《诗·小雅》:周道如砥。《汉书》引作厎。师古曰:平也。

盖古人穴阪而居,必治其下使平,则底之训下,与厎之训平,初皆指其居处言。于是治石使平亦曰厎,或加石旁作砥,于是砥为柔石,砺为粗石,此皆后制之字,亦为后起之义。犹厥之为发石也。许君径以砥石训厎,亦失其本义。

三一 释隩释宛

《说文》:隩,水隈崖也,从自奥声。
《尔雅·释丘》:崖内为隩,外为隈。

今按:《说文》此解,段氏引《诗·卫风》瞻彼淇奥说之。《大学》引《诗》作澳,今字从自,盖隩为水隈之崖也。《诗正义》引李巡曰:崖内近水为隩是也。

《书·尧典》:厥民隩。孔《传》:隩,室也。民改岁,入此室处,以避风寒。《释文》马云:煖也。

今按:隩训室者,亦山居穴室,故从自也。《尧典》:仲春厥民析,仲夏厥民因,仲秋厥民夷,仲冬厥民隩,此又伪《书》晚出之证。孔《传》以豳诗《七月》曰为改岁,入此室处说之,不知此乃后起事。在唐尧时,谓其民隩居则可,谓改岁始居隩,疑不然也。

《书·禹贡》:四隩既宅。孔《传》:四方之宅已可居。《前汉书·地理志》作四奥。

《周语》:宅居九隩。

张衡《东京赋》:掩观九隩。

今按:言四隩九隩,犹言九京。凡可宅居曰隩。《周语》《禹贡》其书虽皆晚出,然居宅称隩,则必在山阜之上,此犹得古人居穴之遗义。孔《传》云四方之宅,则古义昧矣。

《史记·封禅书》:自古以雍州积高,神明之隩。

此亦以隩为居住所也。其必在高处,亦即文可知。

隩字之解既得,则隈亦可推。《说文》:隈,水曲隩也。《管子·形势》篇:大山之隈。潘岳《西征赋》:凭高望之阳隈。此皆隈字本义。若仅言水曲,字当作澳。盖古人或先有隩隈字,后又作澳渨字,而又常叚隩隈为澳渨也。

《说文》:奥,宛也。室之西南隅,从宀,丮声。

今按:依造字先后言,似当先有奥,后有隩。隩为古人居室之在近水崖岩深隐之处者,以其隐而煖,后乃叚奥为居室西南隅之称。而最先奥字当不然,此乃居室之制进步以后乃有此称也。疑奥字从宀,当即指居室,隩则指其居室之所在。盖室在岩阜深隐之处曰奥,此岩阜深处有穴室群居者,其地则曰隩也。

《说文》:宛,屈草自覆也。从宀,夗声。

今按:字从宀,则与屈草自覆义不相关,此决非宛字本义。《诗·陈风》有宛丘。毛《传》:四方高,中央下,曰宛丘。《韩诗外传》:陈之富人,觞于韫丘之上。韫丘即宛丘也。盖宛者,四面高,中央下,亦有深隐之义。故奥可训宛,而宛非屈草自覆也。

《尔雅·释丘》:宛中宛丘。又丘上有丘为宛丘。

宛中宛丘者,四方高,中央下,此即宛中者曰宛丘也。又曰丘上有丘者,上丘字即指其四方高者言,下丘字乃指中央下者言。不能言丘中有丘,又不能言丘下有丘,故曰丘上有丘。郝懿行曰:丘上有丘为宛丘者,其中间衮处复起一小部娄,是谓宛上有丘,从其本名仍曰宛丘,是也。郭《注》谓其中央隆高,斯失之矣。春秋时,楚人却宛字子恶,恶犹亚字,正言其较下。

三二　释橧释巢释家释㝊

《小戴记·礼运》：先王未有宫室，夏则居橧巢，冬则居营窟。《注》：暑则聚薪柴居其上。《释文》：橧，本又作增，又作曾。

《晏子春秋·谏篇》：古者尝有处橧巢而王天下者。

《韩非·五蠹》篇：圣人作，构木为巢，以避群害。

《淮南·原道训》：木处榛巢，水居窟穴。高《注》：聚木为榛。

《广雅》：橧，巢也。

《韵略》：橧，聚薪以居也。

《淮南·齐俗训》：禹令民聚土积薪，择丘陵而处之。

今按：据上诸引，橧巢者，聚薪木而居其上，如鸟之有巢也。贾谊《治安策》积薪而处其上，薪即木也。然则处积薪之上即巢居也。

《家语·问礼》篇：夏则居橧巢。《注》：有柴谓橧，在树曰巢。

今按：窟穴同指不别，则橧巢亦同指不别也。《说文》：鸟在木上曰巢，在穴曰窠。臣锴曰：曰，巢形也。巢在木上，然亦聚薪枝为之。橧巢同指其聚薪木而处。《韩非子》：圣人作，构木以群居天下，曰有巢氏。古有有巢氏，乃指其积累薪木而居，其高如鸟巢,非谓其在树上架木而居也。

> 《高士传》:巢父以树为巢,而寝其上,故时人号曰巢父。

今按:当唐尧之时,中国尚有夏居橧巢之俗。巢父高士,而亦寝处于橧巢,此亦如战国时南郭子綦之居山穴也。纵谓巢父居树,然岂有一家一族一群而皆为巢居树乎?故知世传巢居之解,亦失其本义矣。汤放桀于南巢,后其地为居巢,窃疑其地之得巢名,止犹商丘之称宋。汤居商丘,其地文化高,已知架木为室,故地名宋。而放桀于南方之巢地,其地则尚居橧巢也。则知古人有巢居之俗,亦可多方以证矣。

> 应劭《风俗通》云:《尚书》:民乃降丘宅土。尧遭洪水,万民皆山栖巢居,以避其害。禹决江疏河,民乃下丘,营度爽垲之场而邑落之。

今按:据应氏文,巢居亦山居也。

> 《尔雅·释兽》:豕所寝,橧。
> 《广韵》:橧,音鄫,豕所寝也。
> 《方言》:猪槛及蓐曰橧。
> 《广雅·释兽》:橧,圈也。

今按:人居曰橧,而豕所居亦曰橧,此可借以释家字义。

《说文》:家,居也,从宀,豭省声。

段玉裁谓此字为一大疑案。此家固为从宀从豕,即以猪圈借为人之家室乎?抑如许君所释,豕乃豭之省声乎?治《说文》之学者,于此争辨不能决。窃谓就中国文字体制言,形声字从声之一旁亦必有义。谓家字从豭省声,则其取豭为声,仍必有义当说。惟从豕则有义无声,从豭则声义皆备,许君之不认为家字从豕,而必认为豭之省声者,殆以此故。严可均《说文校议》引或人之说云:中州人每家必有豕圈,故有无豕不成家之语。其实不仅中州为然,余幼年所见江南农家,殆亦无不然。严氏虽议其说贵畜贱人,必无是理。实则此乃中国农村经济之实况,清季尚然,古代可知。若必主家字不从豕,则从宀乃指穴居,其为野陋,复又何说以辨?故就中国文字体制,可以推详中国古代之人民生活,及其经济情形,而中国远古文化之原始真相,乃有实迹可寻。其事关系匪细。余此篇之考穴居,与旧作之考古代之山耕,其用意所在,皆为考论中国文化渊源者作参考,实事求是,非有他也。

《说文》:增,北地高楼无屋者,从立,曾声。
《广韵》:增,巢高也。

今按:增字从立,立即人之居住也。《说文》无橧字,因此其说增义,亦不见古人居处实况。《广韵》以巢高说增,得其本义矣。又可见古人巢居,实是与豕同居,或可谓人居与豕居相似,无大相异也。

《孟子·尽心》篇：如追放豚，既入其苙。
　　扬雄《方言》：苙，圈也。

今按：《说文》无苙字。其字从立，犹居字古文作𡉈，本义当为人之居处。从艸，则以其聚薪而为之也。《周官·地官·甸师》注：大木曰薪。积聚薪柴以为苙，仍是巢居也。其字犹如橧，橧字从木，苙字从艸，其实一也。惟与架木为屋之宋字则有异。橧蹭皆从曾，乃言其高。积薪为之，薪与薪之间多空，故又言曰楼。其实楼字本义即橧，亦即巢也。若如上释，苙字本为人居，正犹蹭与橧之本为人居。然其后橧字苙字亦皆借作豕圈用。然则家字本为豕圈而借作人之居室用，其例正反相合。

　　《说文》：窠，空也。穴中曰窠，树上曰巢。
　　《广雅》：窠，巢也。
　　《广韵》：窠窟又巢。
　　《诗·卫风·考槃》：考槃在阿，硕人之薖。

段玉裁、朱骏声皆以《诗》薖字即窠字之假借。今按：《韵会》，窝，穴居也。窃意薖即窠字，以艸从穴，穴居巢居，古皆通用，又其一证。

三三　释楼释窦释窭

　　楼字与巢字有关，于许书有其证。

《说文》：樔，泽中守艸楼，从木，巢声。段《注》：谓泽中守望之艸楼也。

徐锴曰：谓其高若鸟巢也。

曹大家《东征赋》：谅不登樔而椓蠡兮，得不陈力而相追。

今按：曹大家赋，既不能如上古之巢居而鲜食，则必陈力相追，是樔即巢居之字也。而许君专以泽中守草楼说之，亦失其本义。盖许君书颇多即就当时通训而不复追求其本初之原义者。然此处所用楼字，则颇于本义为近。而必特申之曰草楼，则仍非也。

《后汉书·公孙瓒传》：楼橹千里。

司马相如《上林赋》：江河为陡，泰山为橹。郭《注》：橹，望楼也。

《玉篇》：橹，城上守御望楼。

《释名》：橹，露也。露上无覆屋也。

今按：楼橹连用，则楼字本训亦谓其高而无覆，仍艸楼之类也。而许君必曰：楼，重屋也，橹，大盾也，则皆非其本义。

《尔雅·释宫》：四方而高曰台，狭而修曲曰楼。

以楼与台并说，较为得其初制。

《释名》:楼谓牖户之间,诸射孔楼楼然也。

此谓多诸射孔,于字义亦较近。

《诗·邶风》:终窭且贫。
扬雄《逐贫赋》:邻阻乞儿,终贫且窭。
《小戴记·曲礼》:主人辞以窭。
《汉书·霍光传》:又诸生多窭人子。
《后汉书·桓荣传》:贫窭无资。
《说文》:寠,无礼居也。从宀,娄声。无窭字。
《玉篇》:窭,贫陋也。空也。
《字林》:窭,贫空也。
《尔雅·释言》:窭,贫也。

今按:窭与寠既指贫陋,则楼之为制,初亦近于巢居,如楼橹之类。王延寿《鲁灵光殿赋》:阳榭外望,高楼飞观。此尚近之。后起重屋,乃亦借用楼字,则去初弥远矣。

《孟子》:孟子馆于上宫。《注》:上宫,楼也。

可见战国时尚不以为楼。
又窭、寠、楼字皆从娄。《说文》:娄,空也。盖构木为巢,离娄多空也。窭、寠之皆为贫陋,正以其多空不精治。

《说文》：廙，屋丽廙也。从广，娄声。

今按：从广与从宀从穴之字多同，则廙者亦陋居，丽廙多空，正是不精治也。然许书之丽廙则非此义。如囧下曰窗牖丽廙闿明。故臣锴曰：窗疏之属丽廙，犹言玲珑也。段玉裁曰：在屋在墙，囱牖，穿通之貌。此皆以后起之制说之，与婪婪之为贫陋者，字义背矣。

三四 释 居

《说文》：凥，处也。从尸得几而止。《孝经》曰：仲尼凥。凥谓闲居如此。

今按：古人之穴居，巢居，已历说如上。居处字，其起不能甚迟。许君说居字为从尸得几，义属后起。且人之居室，岂能尽如《孝经》文仲尼凥，而曰闲居如此乎？许君盖专指跪坐为居，求之事理，殆不可从。

《师虎殷》：⿱宀立，古居字，从宀从立。立，古位字。《智鼎》作⿱厂立，《季娟鼎》作⿱宀立。

《金文编》：《舀鼎》作⿱宀立，《农卣》作⿱厂立，《师虎殷》作⿱宀立，《扬殷》作⿱宀立。

今按：上引诸古文，皆较《说文》凥字为早。从宀从立，即犹庄周所谓良位其空也。据此从宀从立之居字,则知古人之穴居矣。

《说文》:宭,群居也。从宀,君声,亦从穴。
《说文》:居,蹲也,从尸。古者居从古。踞,俗居从足。

今按:许君分闲居之居与蹲踞之踞为两字。

段玉裁曰:今字用蹲踞字为凥处字而凥字废矣。又别制踞字为蹲踞字,而居之本义废矣。
王筠《说文句读》:上古未制礼之时,其人蹲居。及制礼之后,居虽不为礼容,而亦不在不敬之列。《玉篇》引《大戴礼》独处而踞是也。
又《释例》:居者蹲也。蹲非礼也,然且不为大过者,以其从古人也。古者荒陋,不以蹲踞为非,后人虽不用为礼节,亦不尽废也。《玉篇》踞下引《大戴礼》曰:独处而踞。许说"从尸古者"之从,说字形也;"居从古"之从,谓人事也。

今按:如段王二氏之说,见凥居二字皆后起,在未有跪坐之礼以前,居字决不从古可知。然则居字古文或以宆字庢字为是。而此两字显然从宀从广不从尸。《说文》尸部所收亦有显不从尸者。如:

《说文》:屋,居也。从尸,尸所主也。一曰尸象屋形,从至。屋,籀文屋,从厂。

今按:此当以一曰尸象屋形为是。

> 《说文》:屏,屏蔽也。从尸,并声。
> 朱骏声《通训定声》:从尸者,从屋省,非坐人之尸也。篆当作𠃞,不作𡰣。
> 《说文》:层,重屋也。
> 朱骏声《通训定声》:按尸者,象屋形,从屋省也。

今按:谓尸象屋形是也,不必更云从屋省,此亦不识古人厂居而曲说也。

> 《说文》:屚,屋穿水下也。从雨在尸下,尸者屋也。段《注》尸部屋下云:尸象屋形。

则许君亦有确说尸为屋形者。惟从尸亦可说。

> 《庄子·在宥》:尸居而龙见。此语又见《天运》篇。

今按:此尸居,乃谓夷居,居字从尸,正犹良位其空之位字乃从人耳。然论居字之最先形,则宜以从宀从厂者为是。又或曰:居从古,家人以口计,合十口而为古也。今按:即如此释,其从尸仍象屋形无疑。

三五　释　民

《说文》:民,众萌也,从古文之象。👁,古文民。

《古籀补》:民,《盂鼎》作民,《齐子仲姜镈》作民,《齐侯壶》作民。

《金文编》:《克鼎》作民,《秦公殷》作民。

今按:古籀金文所收民字,其形体皆与许书篆文民体相近。许君不得其说,而谓当从古文之象。然👁之为象,许君亦无以说之。窃疑民字实当仍从篆体为说,其体即氏字之微变。古人居阪陇,称其聚族而居则曰氏,就其每一人言之则曰民。后世字典即以民字收入氏部,似亦未可厚非。

《三国·吴志·是仪传》:仪本姓氏,孔融嘲之,言氏字民无上,可改为是,乃遂改焉。

后之治《说文》者,拘守许君一家之言,谓氏民二字全不相涉,而转认《吴志》孔融语为俗说。其实民之与氏,仅亦字形小变,正犹尸之与厂而已耳。又按《汉书·地理志》,代郡有狋氏县。孟康曰:狋音拳,氏音精。《广韵》:氏,子盈切。《集韵》:咨盈切,并音精。则氏与民音亦相近。

王筠《说文释例》:小篆民与臣象屈服之形者相似。

孔广居《说文疑疑》：民象颊首折腰种植形。

今按：《诗》言厥初生民，又曰先民有作，又曰：民之秉彝，此皆不见民字有屈服之义。至曰齐民，小民，黎民，虽似偏指在下民众言，然亦不能谓有屈服义。抑且民兼男女，有百业，不得专象折腰种植。则民字取象，断不能如上引王孔二氏之说。窃谓如氏族氏字，民众民字，居处居字，古人制字，必当早有，不宜迟而后出。且义蕴深广，而许君于此诸字，似皆未能直探本初，其失在昧于古人之山居，故亦不能说其义。余此所释，虽近臆测，或可聊备一说也。

以上略记中国古人山居穴居巢居之事。复有四裔穴居，载于史籍，摘其一二条如下：

《三国·魏志·东夷传》：挹娄，其土地多山险，处山林之间，常穴居。大家深九梯，以多为好。

又曰：夏月恒在山岩深穴中为守备。冬月冰冻，船道不通，乃下居村落。

《魏书·勿吉传》：勿吉国有大水，阔三里余，名速末水。其地下湿。筑城穴居。居形似冢，开口于上，以梯出入。

杜佑《通典·边防典·北狄》：流鬼在北海之北，北至夜叉国，余三面皆抵大海，南去莫没靺鞨，船行十五日。无城郭，依海岛散居，掘地深数尺，两边斜竖木构为屋。

《旧唐书·靺鞨传》：黑水靺鞨最处北方，尤称劲健。

无屋宇,并依山水,掘地为穴,架木于上,以土覆之,状如中国之冢墓,相聚而居。夏则出随水草,冬则处穴中。

观之上引,诸族之穴居,固有乘高凿山为之者,亦有掘地深入为之者。惟中国古代之穴居,则必以乘高凿山为穴者为主。亦可有掘地深入为穴者,然就本文所证论,则知其纵或有之,要不当据以为说耳。

此稿成于一九五六年,刊载于
一九五三年九月新亚研究所《学术年刊》第五期

周公与中国文化

中国文化,以儒学为其主要之骨干,此义尽人皆知。然传统儒学本身,乃有一重大转变。即在唐以前,每以周公与孔子并尊,而自宋以后,则以孟子与孔子并尊是也。此一转变,实有其内在甚深之涵义。而周公之为人与其为学,实当重为之深细阐发,此亦研讨中国儒学与中国文化关系一主要题目也。

中国儒学传统,若以近代语扼要说之,实可谓其抱有一种人文的历史观,此不失为儒学传统一中心主要之观点。孟子言知人论世,以一圣人之作,代表一时代之光明,所谓五百年必有王者兴,此即人文的历史观中一重要意见也。夷考其实,中国古史所传述之圣人,如尧舜禹汤文武,其人其事,传说之色彩常胜于纪实。若论人物个性在中国历史上之明显表现,而具有真实重大之影响者,则应自周公始。盖周公以前,中国历史动力尚偏属于集团性、地区性,其时则自然环境之制限,胜过人物心力之创进。换言之,其时中国历史之主要动力,其依赖于地理性之自然刺激者,犹胜于其依赖于人物性之德慧领导。故古史人物在历史上之活动，亦每见其为富于传说性或神话性，未可以史家考证方法，一一证实之。惟就中国古史言，则与其谓之是神话，不如谓之是圣话。因中国古代人观念，圣人地位，早已超越于神之地位之上也。故中国古史，尧舜禹汤文武历圣传统之传说，为后代儒家常所称道者，与其谓之是富于神话性，更不如谓其富于圣话性之远为允惬。因尧舜禹汤文武诸圣之在中国古人观念中，确是圣而非神。所谓圣人者，乃人文历史中之杰出人物，而并非自然界之神。换言之，中国古人，早认为人类历史之演化与创进，其主要动力，在人不在神，此所以当称之为人文的历史观也。惟此诸圣，其在中国古史上之真实地位，则恐不能与后世人物相提并论。因其时中国历史动力，尚当归属之于氏族性、集团性、地区性，为一种自然之演进，而尚未能跃进达于因个人之动力而影响历史之时代。而后人特以此诸圣人为其时历史演进之代表，此乃后人之观念，非属当时历史之真相。故此诸圣之历史活动，仅当称之为中国古史中之圣话，未可一一遽视之为当时之信史也。今若论人物个性之在历史活动中，明显居有主动地位，而此等历史，又确可视之为信史者，就中国古史言，其人其事，皆当自周公始。

  孔子为中国儒学传统之大宗，而孔子平生为学，其最所尊仰者，实为周公。故曰：甚矣我衰也，我久矣不复梦见周公。则孔子之所志所学，梦魂萦绕，心香一瓣之所归依，独在周公，显可知矣。孔子非不尊尧舜，然既曰民无得而称焉，则宜乎孔子之于尧舜，亦无得为具体之称道矣。昔晋大夫韩宣子使于鲁，见《易·象》与《春秋》，叹曰：周礼尽在鲁矣。孔子生于鲁，好古敏求，故曰：郁郁乎文哉，我从周。又曰：吾其为东周乎？故知孔子之所志所学，其主要对象实为周公也。即孟子之告公都子，亦以禹抑洪水，周公兼夷狄、驱猛兽，与孔子之成《春秋》，为中国古史演进阶程中之三圣。盖孟子之意，自有禹，而后有此人类之天下；自有周公，而后有此人类之中国；自有孔子，而后有此人类之教化；则周公之所以为圣，而其在中国历史上之真实地位，亦即据孟子之言而可想见其大概矣。

今论周公在中国史上之主要活动，及其对于中国传统文化之主要贡献，则厥为其制礼作乐之一端。周公制礼作乐之具体设施，及其重大涵义所在，在孔子时，殆不仅所谓心知其意，而必有可以确切指说，并又可以自信其能具体重见之于当世者。故《中庸》曰：仲尼祖述尧舜，宪章文武。纵以孔子之博学好古，在尧舜亦仅能祖述之，在文武而始能宪章之。朱子曰：祖述者，远宗其道。宪章者，近守其法。此所以谓文武之道，布在方策。贤者识其大者，不贤者识其小者。而所谓文武之道，其实即周公之道也。故知在孔子时，周公之制作礼乐，必可据当时现存之方策而一一讲明之，并重谋所以布施之。故《中庸》又曰：吾说夏礼，杞不足征也。吾学殷礼，有宋存焉。吾学周礼，今用之，吾从周。而《论语·八佾》篇则曰：夏礼，吾能言之，杞不足征也。殷礼，吾能言之，宋不足征也。文献不足故也。足则吾能征之矣。以《中庸》、《论语》两书相较，自当以《论语》所记者为信。盖当孔子时，已苦夏殷之礼，文献不足以征，故又曰：周监于二代，郁郁乎文哉，吾从周。周之监于夏殷二代，而大兴文教，制作礼乐，成其为文武之政者，其实即周公之政也。故周公之制作礼乐，实继承于当时之历史传统,而又能加以一番之创新。使当时之中国,文明灿然,焕乎大备,为后世所遵循。至孔子时,尚是文献足征,故特为孔子所志所学之宗主。后人有谓周公实集尧舜禹汤文武之大成者,此自当时制度礼乐之实绩言,亦不得谓其言之尽无据。特自近代历史眼光论之,则犹不如谓中国古史演进,至周公时,始见为个人动力能创进历史之新时期,而此人即周公也。

然而仲尼殁而大义乖,七十子丧而微言绝,盖至于孟子之时,而已曰:周室班爵禄,其详不可得闻,诸侯恶其害己,而皆去其籍矣。然则居三千年后之今日,而欲寻求周公当时制礼作乐之详情,考论其个人动力之影响于历史,与其对于孔门儒学之关系,与夫其对后代中国文化传统之大贡献所在,则岂不洵乎其难乎?然而孟子又曰:轲也尝闻其略。盖细节虽泯,而大略犹在,则试就其巨纲总领之传述于后者,而姑试推论之,此亦孟子知人论世,仲尼祖述尧舜之遗意,固非荒唐无稽,为无征不信之驰说者之比也。

尝试论之:古人所谓周公之制礼作乐,若以近代人观念转释之,其主要工作,实不啻为一种新的政治制度之创建。而周公当时所创建之新制度,实莫大于封建。封建之在中国,与西洋史上中古时期之所谓封建者实大不同。盖西洋中古时期之所谓封建,乃罗马帝国崩溃以后之一种社会形态。而中国西周初期周公之封建,则属一种政治制度,中国历史实凭此制度而始趋于一统也。故周公封建之大意义,则莫大于尊周室为共主,而定天下于一统。周公之众建诸侯,而使群戴周天子为中心,此即其封建之主要意义所在,而一言以蔽之,则即在于其尊一统也。周公封建之能使中国渐进于一统之局,尤贵在其重分权而不重集权,尊一统又更尚于分权,周公封建之为后儒所崇仰者正在此。不尚集权而使政治渐进于一统,其精义则在乎尚礼治。故封建之在古人,亦目之为礼也。

孔子于周公之后,独推管仲。夫亦以管仲之扶齐桓,霸诸侯,而尊周室,尚犹能维系当时诸夏之文教于一统而不坠耳。后至孟子,乃谓仲尼之徒无道桓文之事者,而始高唱王天下,一天下。其尊王贱霸之说,虽若有异于孔子,而就实论之,则孟子之尊大一统之意见,则犹是承周公孔子而来,此亦可谓孟子与周孔,易地则皆然也。

再试纵言之,中国文化,实多有其独特奇伟之成绩,为并世其他民族所弗逮者。举例言之,如其在政治上,能创建一大一统的国家,此即其独特奇伟之成绩之一端也。中国古史,自西周以下,可谓开始有封建之一统。秦汉以后,乃开始有郡县之一统。严格言之,自周以前,夏殷两代,其时则仍是氏族之分立,一循自然之演进,多受地域之限制,在实际上,固未尝有所谓一统制度之创建,与一统政治之存在。有之,则必自周公始。此实周公在中国古史演进中一绝大贡献也。

言周公封建,又必连带及于周公之定宗法。盖周公之封建制度,其主要精神,实寄托于其所定之宗法。此在近人,亦多能言之。然不知周公封建之主要义,实在于创建政治之一统性,而周公定宗法之主要义,则实为社会伦理之确立。而尤要者,在使政治制度,俯就于社会伦理而存在。故政治上之一统,其最后根柢,实在下而不在上,在社会而不在政府,在伦理而不在权力也。

而就周公定宗法之再进一层而阐述其意义，则中国社会伦理，乃奠基于家庭。而家庭伦理，则奠基于个人内心自然之孝弟。自有个人之孝弟心而推本之以奠定宗法，又推本之以奠定封建，封建之主要义，在文教之一统。故推极西周封建制度之极致，必当达于天下一家，中国一人。太平大同之理想，皆由此启其端。故论周公制礼作乐之最大最深义，其实即是个人道德之确立，而同时又即是天下观念之确立也。《大学》之道，在明明德，在亲民，自修身齐家治国平天下，一以贯之。《大学》之书，虽出七十子后学者之所推论，而亦必有其渊源之所自焉。故《大学》之三纲领八条目一以贯之之大体系之骨骼与其精神，其实皆已自周公之定宗法而创封建而具有其规模矣。此在中国古代儒家，殆所谓心知其意，确有指对，固非凭空悬臆，漫然发为唐大不实之高论者。

周公定宗法，有百世不迁之大宗，有五世则迁之小宗。夫人道之有孝弟，乃一本之于其自然之心情。知有父，知有祖，子孙之对于父祖，所谓孝弟之心，油然而生，而沛然其不可已者，此乃人心中自然实有事，不凭逻辑思辨推演而来。然人心自然之孝弟，亦及于父祖三代而止尔。更上推之而至于高曾，越五代而极矣。循此而再上溯焉，既非当面觌体，则所谓孝弟之心之本于天性而发于自然者，其事势必有所竭。故小宗五世则迁，此诚人心之自然，有不知其然而然者。虽在圣人，亦莫奈之何。惟其然，故循至于氏族分立，此疆彼界，而天下终亦莫能统于一。故言周公之定宗法，其在中国文化传统有莫大贡献者，实不仅在其定五世则迁之小宗，而更要在其定百世不迁之大宗也。盖必有百世不迁之大宗，而天下始可统于一。而周公之定此一统之大宗者，乃在人而不在神，实属于政治伦理而不属于宗教信仰，此实中国文化传统一大成绩，而周公之所贡献，亦由此而遥远矣。

本于上述，有一极端甚大之要义，为周公定宗法之主要精神之所贯注，而有加以特别阐述之必要者，厥为周王室之宗祀文王之一事。夫周室之列祖列宗，推而上之，文王之前有王季，有太王，何以断自文王而独尊而宗之乎。若论周室之开国承家，殪戎殷而有天下，则其事在武王，不在文王，又何为必越武王而上溯之于文王乎？故知周王室之宗祠文王，在周公当时，必有其一番创制之深意也。斯意也，若自武王言之，所宗祠者非其本身，而为其父文王，此所谓为而不有。为人子者，上归其鸿烈大业于所自生之先世，此所谓孝子之诚心也！故《中庸》又曰：武王周公，其达孝矣乎！夫孝者，善继人之志，善述人之事者也。故周公之定宗法，宗祀文王，奉以为周室开国之始祖者，论其意，实如后世之所谓以孝治天下，此乃推本政治制度于社会伦理之一大节目，又示人以人道平等之大义，亦即《大学》所谓自天子以至于庶人，一是皆以修身为本，此即人类无贵贱，无高下，无不于道德伦理之前为平等也。故武王虽殪戎殷而有天下，尊为天子，富有四海之内，宗庙飨之，子孙保之，而武王终不敢以此自尊，而必自屈为人子焉。故周室之有天下，始自武王，此虽人事之实，而周室之宗祠文王，尊以为开国之始祖，而导天下诸侯以共尊而同崇之者，此则周公制礼之至文也。

《中庸》又言之，曰：斯礼也，达乎诸侯大夫及士庶人。父为大夫，子为士，葬以大夫，祭以士。父为士，子为大夫，葬以士，祭以大夫。故武王末受命，周公成文武之德，追王太王王季，上祀先公以天子之礼。《中庸》此节，是矣而未尽也。夫武王之必上祀其父其祖其曾祖，尊亲其三世以天子之礼，此固武王之孝思，所谓以孝治天下，而周室之宗祠文王，则其义犹不尽于此而已也。夫曰追王太王王季，则若文王之不待于追王矣。实则终文王之身，固是殷商之西伯，未及身而王也。而周人必尊奉文王以为周室始受命之王。此在周公之意，以为周人之殪戎殷而有天下者，其事实不在于武王之武烈，而尤在其原于文王之文德也。故后人亦传述之，曰：三分天下有其二，以服事殷。此即言文王之文德也。又曰：远人不服，修文德以来之。此为有天下之不仗于武烈也。故在《周书》之《康诰》有之，曰：惟乃丕显考文王，克明德，用肇造我区夏。《酒诰》又有之，曰：我西土，尚克用文王教，故我至于今，克受殷之命。《洛诰》亦有之，曰：承保乃文祖受命民。《君奭》又有之，曰：天不庸释于文王受命。又曰：乃惟时昭文王，迪见冒闻于上帝，惟时受有殷命哉。又曰：乘兹大命，惟文王德。此皆周公明举文王，以为周室始受命之王。而其所以得受命而为王者，则在德不在力，在文不在武，此其义岂不跃然乎？殁而称谥，亦周公之定制。文王之谥为文，武王之谥为武，而周室之始受命者为文王，故宗祠之以为百世之始祖者亦文王，非武王也。此非周公制礼之深义乎？由是言之，中国此下传统政制之必首尚于礼治，必首尚于德治，又必首尚于文治，此等皆为此下儒家论政大义所在，而其义皆在周公制礼之时，固已昭示其大纲矣。此可谓大彰明而较著者。而后世之儒家，则不过承而益阐之焉耳。即孔子之所常梦见于周公者，岂不当从此等处而深细体之乎？

抑周公之宗祀文王，尊奉以为周室受命之始祖，其为说又有不尽于如上之所述者。《书·召诰》有之，曰：呜呼！皇天上帝，改厥元子，兹大国殷之命。惟王受命，无疆惟休，亦无疆惟恤。又曰：相古先民有夏，天迪从子保，面稽天若。今时既坠厥命。今相有殷，天迪格保，面稽天若，今时既坠厥命。我不可不监于有夏，亦不可不监于有殷。我不敢知，曰：有夏服天命，惟有历年。我不敢知，曰：不其延。惟不敬厥德，乃早坠厥命。我不敢知，曰：有殷受天命，惟有历年。我不敢知，曰：不其延。惟不敬厥德，乃早坠厥命。今王嗣受厥命，我亦惟兹二国命。肆惟王其疾敬德。王其德之用，祈天永命。其在《君奭》篇又有之，曰：弗吊，天降丧于殷，殷既坠厥命，我有周既受。我不敢知，曰：厥基永孚于休。若天棐忱。我亦不敢知，曰：其终出于不祥。我亦不敢宁于上帝命。天命不易，天难谌，乃其坠命。其在《多方》又有之，曰：洪惟图天之命，弗永。惟帝降格有夏，有夏诞厥逸，天惟时求民主，乃大降显休命于成汤。今至于尔辟，弗克以尔多方享天之命。此可谓是周公之天命观，同时亦即是周公之历史观也。后世儒家，遂本此而有天人合一之论。天人合一，亦为中国文化传统一主要之观点。故司马迁作《史记》，亦曰：将以明天人之际，通古今之变。盖本人事而即可以测天心，而天命则惟德之归。司马氏所谓通古今之变，其大义则不越乎此矣。故孔子曰：天生德于予。又曰：天之将丧斯文也，后起者不得与于斯文也。曰德曰文，如是则宗教信仰转而为人文精神。而世运之转移，乃一本之于人心之所归向。而人心之所归向，又可反而求证之于吾心之内德。此乃中国儒家传统大义,亦即我所谓人文历史观之主要大义也。故周代文武二王,虽身为王者,而制礼作乐之功,实出于周公。周公虽不居王位,而固有圣人之德矣。故周公实以一身而系世运之兴衰也。今孔子虽无位,不为王,而孔子则心仪周公。在孔子之意,岂不谓德之所在,即天命之所在。而天命之所在,即世运之所由主宰乎。故孟子遂有圣人名世之论。此下直至宋儒,亦有为天地立心,为生民立命,为往圣继绝学,为后世开太平之说,皆此一义之相承也。此之谓天人合一,亦此之谓人文的历史观,盖舍弃于上古先民素朴的天帝主宰世运观,而首创人文的历史观者,其事亦自周公启之也。

且循周公之所论,周室之始受命,虽为文王,而天命昭赫,则自有生民以来,固已常流行于天地之间。故自周以上,于商有汤,于夏有禹,莫非先周室而受天命而为王者。周监于二代,斯周之受命,其为不可久保,亦已可知。故孔子曰:其或继周者,虽百世可知也。故自政制言,必尊尚夫一统。而自天命言,实流转于无常。此亦即司马迁之所谓天人之际,古今之变也。故周公之封建,其众立诸侯,固不仅于为姬周一族之同姓宗戚而已也,于是乃有兴灭国继绝世之大义焉。凡历古之王者,苟其有德于生民,苟其曾膺天命而主宰乎当代一时之世运者,周公必存其后而复封之,为之建邦立国焉。此不仅昭示周室一代兴王之大德,亦诚有如后世《春秋公羊》家之所推论,所谓绌杞,故宋,新周,存三统,而以孔子《春秋》作新王,此其义,固亦远有所承,即细诵上引《周书·召诰》、《君奭》、《多方》诸篇而可知。后之经生,又循此演绎,乃有所谓八十一世九皇五帝三王之传递而更迭焉。

此将使一代之王者,不仅当知上监于其先之二代,实欲其远监乎自有生民以来之百世。亦惟有远监乎自有生民以来之百世之无穷,而后乃可以见夫天命之不易,以及人道之有常也。故周公之封建,其事又不仅于尊周王室之一统而已也,其义尤贵能昭示百王之道贯于此一王之新法焉。《易·系辞传》有云:日新之谓盛德,富有之谓大业。周命维新,此盛德之日新也。并封历古王者遗裔,使各守其旧统,而同尊于今王之新统焉,此大业之富有也。故周公之封建,虽植本奠基于其所定之宗法。而周公之定宗法,则固兼存天下之万姓百氏,而同纳于此一礼之中,固不限于为一姓一宗之私而已也。故孔子虽殷后,亦深契于周公制礼之深义焉。后世小儒,如柳宗元之徒,乃谓圣人封建,仅是圣人一时之不得已,而近代学者,至谓孔子乃殷裔,其平日讲学论道,内心实欲一反周制,而为殷民族图复兴,此又何其所见之促狭乎?若诚使周公孔子,皆仅如后世小儒之所猜测,亦仅奋其一时一己之私智小慧,而仅为其当前现实谋短暂之私利,则其精神意气之所贯注,亦断非可大可久,又何以维系团结吾中华文化传统于三千年之下,而愈绵延愈扩大,而终不濒败澌灭以尽乎?

故周公封建宗法之制,复有两大义为其当时之所明白昭示者,一则天命帝力之退居于民心众意之后,而上古先民社会素朴的宗教信仰,遂独于吾中华此后文化传统不见有大势力、大影乡,此一也。又其一,则为此后中华传统文化,创立一人文的历史观,使后之人皆有以旷观远瞩于人类文化之博大悠久,能以繁赜丰富多变之内容,而兼容并纳之于绵延一贯之一大系之中,所谓人文化成,参万岁而一成纯,继继绳绳,以因以革,而天道人道,亦于此融凝一致,此又周公封建宗法之制之所昭示于后人之又一大义也。

《中庸》又曰:郊社之礼,所以事上帝也。宗庙之礼,所以祀乎其先也。明乎郊社之礼,禘尝之义,治国其如示诸掌乎。此其说又见于《孝经》,曰:昔者周公郊祀后稷以配天,宗祀文王于明堂,以配上帝。《孝经》作者,以配天配帝,分别系之于后稷与文王,其语显属晚起,即据《中庸》而可证。在《中庸》固犹不以天与上帝分别而二之也。而郊祀宗祀之礼,则其制应始于周公。宗祀文王之说,既具阐如上述,而郊祀后稷,其义又可得而推论者。请举《生民》之诗而再说之。

夫周人之尊奉后稷为始祖,而后稷以前,已有周人之社会矣。即以《生民》之诗证之,后稷之母曰姜嫄。虽曰履帝武敏歆,后稷由帝感生,然不谓姜嫄之无夫,与后稷之无父也。夫既曰诞寘之隘巷,牛羊腓字之。诞寘之平林,会伐平林。诞寘之寒冰,鸟覆翼之。是则后稷之生,不仅有家室,并有巷居焉,有牛羊焉,有平林焉,有牧人焉,有樵夫焉,生人百业之俱有,而何曰厥初生民,时维姜嫄乎?及后稷之长成,蓺之荏菽禾役,麻麦瓜瓞。是诸种者,固已先后稷之生而既有蓺之殖之者矣。此亦即《生民》之诗而可证。然则又何俟乎后稷之诞生而周人乃有其始祖乎?然则周人之崇祀后稷为始祖,又必有其说矣。

自宗教家言之,人类为上帝所创造。自科学家言之,人类由猿猴而演化。而自中国传统文化之人文历史观而言,则无论宗教科学家言,此等皆属原始人。人类原始一本自然,尚不属于人文历史之范围。故自人文历史观之立场言,则人类文化始祖,亦已为一文化人，必为于人类文化历史创始有大功绩之人，是即中国古人所谓之圣人也。故自自然历史言，人类之远祖乃出于天。自人文历史言，则人文之始祖必当为圣人。周人之尊后稷为始祖者，犹其尊文王为始受命之祖，此皆有礼文之深意焉。故后之儒家言礼文之所本，必本之于周公，尤当于此等处深细阐之也。

抑后稷之为周之始祖，则既有其说矣，而崇后稷以配天，又曰，郊社之礼以事上帝，又何说乎？盖后稷教稼穑，为创始人文历史一大事，而人文亦本出于自然。此又中国文化传统所谓天人合一，为人文历史观之一主要观点也。自宗教言，稼穑亦出上帝恩典，五谷亦尽为上帝所创造，此若皆无关于人事。自科学言，稼穑乃出人类之智慧，人类必凭此智慧，以战胜自然，而创出文化，则文化若正与自然为敌对。而自中国传统文化之人文历史观之立场言，则人类文化之大原，亦一本于天心。惟天不亲教民以稼穑，而必假手于圣人焉。故人类社会而有圣人之降生，此亦皆由于天意。换言之，人文必不能逃离于自然，人文社会之有杰出人物所谓圣人者之诞生，其事亦自然所赐与。此其说，即观于《生民》之诗之诵述后稷诞生之种种神异而可证。故中国儒家之人文历史观，既分别人文于自然之外，又必推本人文于自然之内。中国人之尊天而重圣，凡以见天人之合一，在天则不与圣人为同忧，在圣人则必与天为同德。凡后世儒家之所陈义甚高，而在《生民》之诗，周公之尊奉后稷为周人之始祖者，亦居然可寻其渊源之所自矣。故郊祀后稷，所重在人类之报本复始，而人之所以事天之道亦从可见矣。宗祀文王，所重在为天下国家之必主于文德，而人之所以治人之道，亦因而可见矣。故周人之郊祀后稷而宗祀文王者，此虽周人之亲亲，而尊贤之意亦从而并见焉。亲亲之与尊贤，亦即自然与人文之两大本。天人合一之义，亦当并此二者而始见也。

《中庸》又言之，曰：为政在人，取人以身，修身以道，修道以仁。仁者人也，亲亲为大。义者宜也，尊贤为大。亲亲之杀，尊贤之等，礼所生也。故周公之制礼，其定宗法，崇祀后稷文王，固不仅于亲亲，而亦有尊贤之意焉。不仅于治人，抑亦有事天之道焉。故曰明乎郊社之礼，禘尝之义，治国其如示诸掌也。

周公制礼作乐，复有一大端，当特别提出者，即井田之制是也。井田之制，其详已不可以确说。然既有封建，有宗法，则不能无井田。此三制，实一体也。既曰封土建国，则必有田。既曰收宗恤族，则必有田。既曰礼重等杀，则田必井。井田既分配于一宗一族，则必不为农奴。封建偏属于政治，宗法偏属于伦理，井田偏属于经济。此三者，融凝一体，然后始成为治道。治道即人道，亦即天道也。而中国古人则只称之曰礼。礼者，体也。故礼必成体，即兼融并合此政治伦理与经济之三方面而成为一治体也。惟其必融凝此三者而始成为一治体，故于政治制度之背后，有伦理道德焉，有经济实利焉。惟此三者之相融相成，故礼成而乐兴焉。谓其厘然有当于人心之所同乐也。

然制度必随时而变，曰封建，曰宗法，曰井田，此三制者，自周公以下至于孔子，其随时而为变者，必甚多矣。惟其大经大法，则至孔子时，而犹可以远溯之于周公创制之用心而深得其微意之所在者。《中庸》又言之，曰：惟天下至诚，为能经纶天下之大经，立天下之大本，知天地之化育。夫焉有所倚？当知《中庸》此等语，亦固非虚发。在当时七十子后学者之心目中，实应有一具体确可指证之人物，与其人所创制建立之制度，而后发为此等之歌颂，而此则非周公莫属矣。

孔子生周公后，有德无位，所谓明王不兴而天下其孰能宗予也。然孔子实能深得周公制礼作乐之用心者，故于吾从周，吾其为东周乎之全部理想中而特为画龙点睛增出一仁字。故凡治周公之礼，寻究周公封建宗法与井田之三大创制而推寻其中心精神之所在者，则必首于孔子论仁之旨有深识焉。儒家继孔子有孟荀，孟重义，荀重礼，后儒读孟荀之书，与夫七十子后学者论礼之篇籍，如今《小戴礼记》之所收，亦必常心仪有周公其人，与夫其及身之所创制，而后始可以探求其最后之归趣，与其论旨之确然有所指证，而见其为不虚发焉。及于汉代诸儒，莫不重《春秋》。《春秋》，经世之书也，而尤必以《公羊》为大宗。后世治《公羊》之学者，亦必心仪有周公其人，与夫其及身之所创制，而后可以确然有会于当时《公羊》家之论旨之所终极，而确然见其有可以实措之于当时民物人生之大全也。

中国儒家，西汉以下，自董仲舒迄于王通，皆可谓能心仪周公其人，与夫其及身之所创制者。故莫不于当世之大经大法，有其规为与措施焉。下逮宋儒，乃始论仁重于论礼，治《易》重于治《春秋》，尊孟子重于尊周公，讲心性之学重于讲治平之道，而自宋以下，中国文化乃亦不期然而若有所转向。迄于今日，封建宗法，乃悬为诟病中国传统文化者之莫大口实。而井田之制，则群举以为疑古之一端。而周公之为人，与夫其及身之所创制，即治史者亦皆忽视,若谓其乃已陈之刍狗,无深究之价值矣。本篇爰特粗发其宗趣之大者。至于精密之考据,牵连之发挥,此乃专门治史之业,非本篇所能详也。

此稿成于一九五八年十月,
刊载于《中国学术史论集》第一辑

读《诗经》

(一) 经学与文学

《诗》、《书》同列五经,抑为五经中最古、最可信之两部。儒家自孔孟以来,极重此两书,常所称引。后世又常目《诗三百》为中国文学之祖源,认为系集部中总集之创始。此两说义各有当。惟经学文学性质究有不同。班氏《汉书·艺文志》,以五经为古者王官之学,乃古人治天下之具;故向来经学家言《诗》,往往忽略其文学性,而以文学家眼光治《诗》者,又多忽略其政治性。遂使《诗》学分道扬镳,各得其半、亦各失其半。求能会通合一以说之者,其选不丰。本篇乃欲试就此《诗经》之两方面综合说之。窃谓治中国文学史、言中国文学原始,本篇所陈,或是别开新面。而就经学言,亦期能摆脱相传今古文家法、汉宋门户之拘缚,与夫辨订驳难枝节之纷歧,就古人著作真意,扼要提纲、有所窥见。其是否有当于古人之真相,则待读者之论定焉。

今果认《诗经》乃古代王官之学,为当时治天下之具;则其书必然与周公有关,必然与周公之制礼作乐有关,必然与西周初期政治上之大措施有关;此为讨论《诗经》所宜首先决定之第一义。其所以然之故,须通观本篇以下所陈。实则《诗经》创自周公,本属古人之定论;历古相传之旧说。其列指某诗某篇为周公作者,亦甚不少。其间宜有虽非周公亲作、而秉承周公之意为之者,欲求深明古诗真相,必由此处着眼。惜乎后人入之愈深、求之愈细,篇篇而论、句句而说、字字而详,而转于此大纲领所在,放置一旁;于是异说遂滋,流漫益远,而《诗》之大义愈荒,此所不得不特为提出也。

（二）诗之起源

近人言诗,必谓诗之兴、当起于民间。此义即在古人,亦非不知。郑玄《诗谱序》谓:诗之兴也,谅不于上皇之世。大庭轩辕逮于高辛,其时有亡,载籍亦蔑云焉。《虞书》曰:诗言志,歌永言,律和声,然则诗之道放于此乎?是郑玄推论古诗起源,当在尧舜之际。孔颖达《正义》加以阐说,谓:上皇之时,举代淳朴。田渔而食,与物未殊。其心既无所感,其志有何可言?故知尔时未有诗咏。是谓邃古社会文化未启,仅知谋生,不能有文学之产生。孔氏又云:大庭、神农之别号。大庭以还,渐有乐器。乐器之音,逐人为辞,则是为诗之渐,故疑有之也。《礼记·明堂位》曰:土鼓蒉桴苇籥,伊耆氏之乐也。伊耆神农,并与大庭为一。原夫乐之所起,发于人之性情。性情之生,斯乃自然而有。故婴儿孩子,则怀嬉戏抃跃之心。玄鹤苍鸾,亦合歌舞节奏之应。岂由有诗而乃成乐,乐作而必有诗。然则上古之时,徒有讴歌吟呼,纵令土鼓苇龠,必无文字雅颂之声。又曰:后代之诗,因诗为乐。上古之乐,必不如此。郑说既疑大庭有诗,则书契之前,已有诗矣。此谓古代社会当先有乐,然后乃有文字。在文字未兴前,仅可谓有讴歌,不得谓有诗。孔氏此辨甚是。惟《虞书》实系晚出,而郑孔皆不能辨,因谓诗起于尧舜之际,此亦不足为据。惟虞舜以下,即无嗣响,此则郑孔亦知之。故郑氏《诗谱序》又曰:有夏承之,篇章泯弃,靡有孑遗。迄及商王,不风不雅。是谓夏殷无诗,灼然可见。诗既起于尧舜之际,何以中断不续,乃逾千年之久,此实无说可解。故余谓诗当起于西周,《虞书》云云,不足信也。

(三) 风雅颂

《诗》分风雅颂三体。究是先有此三体,而后按此三体、以分别作为诗篇乎?抑是创作诗篇之后,乃始加以分类而别为此三体乎?依理当如后说,可不深论。盖必先有诗,而后加以风雅颂之名;决非先有风雅颂之体,而后始遵体以为诗。此义易明,而所关则大,请继此而推论之。

今试问所谓风雅颂三体者,其辨究何在?则且先释此风雅颂三字之字义。颂者:郑玄注《周礼》云:颂之言诵也,容也。诵今之德广以美之。孙诒让《正义》云:颂诵容并声近义通。郑氏《诗序》又云:颂者、美盛德之形容,以其成功告于神明者也。雅者:刘台拱云:雅、正也。王都之音最正,故以雅名。列国之音不尽正,故以风名。雅之为言夏也。《荀子·荣辱篇》:越人安越,楚人安楚,君子安雅。又《儒效篇》云:居楚而楚,居越而越,居夏而夏。雅、夏字通。今案:夏本指西方,故古代西方人语音亦称雅与夏。《左传》季札闻歌《秦》,曰:此之谓夏声,其周之旧乎。是周、秦在西,皆夏声也。李斯亦曰:而呼乌乌,真秦之声。杨恽亦曰:家本秦也,能为秦声,仰天拊缶,而呼乌乌。乌、雅一声之转,盖雅乃当时西方人土音。周人得天下,此地之方言与歌声,遂成为列国君卿大夫之正言正音,犹后世有京音、有官话,今日有国语也。《论语》子所雅言,《诗》、《书》执礼,皆雅言也。郑玄曰:读先王典法,必正言其音。《诗》之在古,本是先王之典法。西周人用西周土音歌《诗》,即以雅音歌诗也。孔子诵《诗》,亦用西方之雅言,不以东方商、鲁诸邦语读之。《诗》之称雅,义盖如此。若是则颂亦雅也,岂有周人歌《清庙》之颂而不用雅言者乎。雅亦颂也,如《大雅·文王之什》,岂不亦是美文王之盛德、而为之形容乎?古人每以雅颂连举,知此二体所指本无甚大区划。风者:风声、风气。凡语言、歌唱,有声气、有腔调,皆风也。孔《疏》曰:《地理志》云:民有刚柔缓急,音声不同;系水土之风气,故谓之风。此解风字义甚得之。季札闻歌《齐》,曰:美哉!泱泱乎!大风也。大风之风,亦指声气言;犹今云大声大气也。《小戴礼·王制》云:广谷大川异制,民生其间者异俗。风俗分言,风指语言声音,俗指衣服习行之类。合言则相通。《史记》谓:《诗》记山川溪谷、禽兽草木、牝牡雌雄,故长于风。此以风指各地之相异也。周人特标其西土之音曰雅,而混举各地之方音曰风。可知风雅所指,亦无甚大之区划,故古人亦常以风雅连文。《鼓钟》之诗曰:以雅以南。《吕氏春秋·音初篇》有云:涂山女歌曰:侯人兮猗,实始作为南音,周公召公取风焉,以为《周南》、《召南》。高诱注:南音、南方南国之音。盖南音即南风也,故二南列于风始。南音可称为南风,雅音岂不可称为雅风或西风乎?故知风雅二字所指,亦实无大别。

　　风雅颂三字之原始义训如上述,其可以相通使用之例证,即求之《诗》中亦可得。如《大雅·嵩高》之诗明有之,曰:吉甫作诵,其诗孔硕;其风肆好,以赠申伯。《小雅·节南山》之诗亦有之,曰:家父作诵,以究王讻。此所谓作诵,犹作颂也。解者疑雅不可以言颂,故郑笺《节南山》则曰:作此诗而为王诵。毛传《嵩高》则曰:作是工师之诵。又《大雅·蒸民》之诗亦曰:吉甫作诵,穆如清风。笺云:吉甫作此工歌之诵。然工歌所诵者是诗,作诵即是作诗;不当曰作诗为王诵,亦不得曰作是工师之诵。诵即指诗,诵又通颂。如《左传》听舆人之颂:原田每每,舍其旧而新是谋。则是刺诗亦可言颂,更何论于谏?更又何论于称美之辞?是风雅皆得言颂也。即曰颂是美盛德之形容,则颂亦是诗之赋也。凡形容其人其事而美者可曰颂,其刺者何独不可曰颂乎。故诵诗亦得曰赋诗也。至曰其风肆好,盖言其诗之音节甚美也。故曰:吉甫作诵,其诗孔硕,其风肆好。诗指其文辞,风指其音节,皆言此诵此颂也。然则风雅诵三字,义训本相通,凡诗应可兼得此风雅颂之名,岂不即于《诗》而有证乎?

　　然则《诗》之风雅颂分体,究于何而分之?曰:当分于其诗之用。盖《诗》既为王官所掌,为当时治天下之具,则《诗》必有用,义居可见。颂者、用之宗庙。雅则用之朝廷。二南则乡人用之为乡乐。后夫人用之、谓之房中之乐。王之燕居用之、谓之燕乐。名异实同。政府、乡人、上下皆得用之，以此与雅颂异。风雅颂之分，即分于其诗之用。因诗之所用之场合异，其体亦不得不异。言《诗》者当先求其用，而后《诗三百》之所以为古代王官之学，与其所以为周公治天下之具者，其义始显；此义尤不可不首先郑重指出也。

孔氏《正义》亦言之，曰：风雅颂者，皆是施政之名。又曰：风雅之诗，缘政而作。政既不同，诗亦异体。其说甚是。惟今《诗》之编制，先风、次小雅、次大雅、又次乃及颂，则应属后起。若以诗之制作言，其次第正当与今之编制相反；当先颂、次大雅、又次小雅、最后乃及风，始有当于《诗三百》逐次创作之顺序，此义当续详于下一节论《诗》之有四始而可见。

（四）四始

四始者，《史记》谓：《关雎》之乱、以为风始。《鹿鸣》为小雅始。《文王》为大雅始。《清庙》为颂始。此所谓四始也。章怀太子注《后汉书·郎𫖮传》亦云然。惟郑《志》答张逸云：风也、小雅也、大雅也、颂也，此四者、人君行之则兴，废之则衰；后人遂谓风之与二雅与颂，其序不相袭，故谓之四始。非有更为风雅颂之始者。郑氏此说，似不可信，盖是不得四始之义而强说之。惟论四始，亦当倒转其次第，当言《清庙》为颂始，《文王》为大雅始，《鹿鸣》为小雅始，《关雎》为风始；而后始可明《诗》之四始之真义。

王褒《讲德论》有曰：周公咏文王之德，而作《清庙》，建为颂首。班固《汉书·郊祀志》亦曰：周公相成王，王道大洽，制礼作乐；郊祀后稷以配天，宗祀文王于明堂以配上帝；四海之内，各以其职来助祭。蔡邕《独断》有曰：《清庙》，洛邑既成，诸侯朝见，宗祀文王之所歌也。而伏生《尚书大传·洛诰》篇言此尤明备。其言曰：周公将作礼乐，先营洛以观天下之心，曰：示之以力役犹至，况导之以礼乐乎。然后敢作礼乐，合和四海而致诸侯，以奉祭祀太庙之中。又曰：天下诸侯悉来，进受命于周，而退，见文武之尸者，千七百七十三诸侯，皆莫不磬折玉音、金声柔色。然后周公与升歌《清庙》而弦文武，诸侯在庙中者，伋然渊其志、和其情，愀然若复见文武之身；然后曰：嗟子乎！此盖吾先君文武之风也夫。及执俎抗鼎，执刀执匕者，负庮而歌：愤于其情，发于中而乐节文，故周人追祖文王而宗武王也。是两汉诸儒，固无不知《清庙》之颂之为周公所作，以及周公之所以作《清庙》之颂之用意。尤其当西周新王初建、天下一统，周公之所为，在当时对于四方诸侯心理影响精微之所及，而造成西周一代之盛，其创制礼乐与当时政治之关系，汉儒之学，远有师承；大义微言，犹有在者。盖周人以兵革得天下，而周公必以归之于天命，又必以归之于文德；故必谓膺天命者为文王，乃追尊以为周人开国得天下之始。而又揄扬其功烈德泽，制为诗篇，播之弦诵；使四方诸侯来祀文王者，皆有以深感而默喻焉。夫而后可以渐消当时殷周对抗敌立之宿嫌，上尊天、下尊文王，凡皆以为天下之斯民，而后天下运于一心，而周室长治久安之基亦于是焉奠定。此非周公之圣，无克有此。而《清庙》为颂始之微旨，亦必自此而可窥也。

惟颂之为体,施于宗庙,歌于祭祀;其音节体制,亦当肃穆清静。朱弦疏越、一唱三叹。又嫌于揄扬歌咏之未能竭其辞,而后乃始有《大雅·文王之什》,以弥缝其缺;此大雅之所以必继颂而有作也。朱子曰:正小雅、燕飨之乐;正大雅、会朝之乐,受厘陈戒之辞也。故或欢欣和说以尽群下之情,或恭敬齐庄以发先王之德;辞气不同,音节亦异,多周公制作时所定。其说是也。盖宗庙祭祀,限于体制,辞不能尽,故又为大雅会朝之乐以铺陈之也。

《汉书》翼奉上疏曰:周至成王,有上贤之材;因文武之业,以周召为辅。有司各敬其事,在位莫非其人。天下甫二世耳,然周公犹作《诗》、《书》、深戒成王,以恐失天下。其诗则曰:殷之未丧师,克配上帝,宜鉴于殷,骏命不易。此汉儒以大雅文王之诗为周公作之证。即如翼奉之所引,亦非周公必莫能为此言也。

又《汉书》刘向疏曰:王者必通三统,明天命所授者博,非独一姓。孔子论《诗》、至于殷士肤敏,祼将于京;喟然叹曰:大哉天命,善不可不传于子孙。是以富贵无常,不如是、则王公其何以戒慎,民萌其何以劝勉。盖伤微子之事周、而痛殷之亡也。今按周公《文王》之诗,指陈天命之无常,使前朝殷士无所怨,使新王周臣不敢怠。而刘向顾谓孔子痛殷之亡者,盖向自汉之宗室,恫心于汉室之将衰,怀苞桑之忧,故特言之如此。读者可自得其意,不当因辞害旨也。

《文王》之诗又曰:穆穆文王,于缉熙敬止。假哉天命,有商孙子。商之孙子,其丽不亿。上帝既命,侯于周服。侯服于周,天命靡常。殷士肤敏,祼将于京。厥作祼将,常服黼冔。王之荩臣,无念尔祖。无念尔祖,聿修厥德。永言配命,自求多福。殷之未丧师,克配上帝。宜鉴于殷,骏命不易。盖当时来助祭者,尚多殷之遗臣。《诗》曰王之荩臣,无念尔祖者;此辈荩臣,正是商之孙子,侯服于周者也。尔祖,即指商之列祖列宗言。谓苟念尔祖,则当知天命之靡常。惟当永言配命,而自求多福也。王之荩臣之王,则指成王。是此诗虽美文王,而既戒殷士,又戒时王,而正告以骏命之不易。其在当时,自非周公,又谁欤可以作此诗而为此语者?故知此诗之必出于周公为无疑也。

又《国语》韦昭注以《文王》为两君相见之乐。有曰:《文王》、《大明》、《绵》为两君相见之乐者,周公欲昭其先王之德于天下。是知当时《大雅·文王》之诗,不必定在大祭后始歌之。凡诸侯来见天子,及两诸侯相见,皆可歌《文王》。在周公制礼之意,惟欲使天下人心,尊向周室,而专以尊文王为号召,其义岂不跃然可见乎?

小雅始《鹿鸣》者,《鹿鸣》之诗曰:呦呦鹿鸣,食野之苹。我有嘉宾,鼓瑟吹笙。吹笙鼓簧,承筐是将。人之好我,示我周行。此等诗显与大雅与颂不同,盖属一种交际应酬之诗也。《毛传·鹿鸣之什》:《鹿鸣》,燕群臣嘉宾也。《四牡》,劳使臣之来也。《皇皇者华》,君遣使臣也。《常棣》,燕兄弟也。《伐木》,燕朋友故旧也。《采薇》,遣戍役也。《出车》,劳还卒也。凡此之类,皆因事命篇,而所谓周公之以礼治天下,盖凡遇有事,则必为之制礼。有礼,则必为之作乐。有乐,则必为之歌诗。有诗,则必为之通情好而寓教诲焉。此周公当时创制礼乐之深旨也。其如劳使臣之来,遣使臣之往,与夫燕兄弟故旧,遣戍役、劳还卒,其事不必常有。独燕群臣嘉宾,乃常礼,又最盛大,故凡此诸诗,宜以《鹿鸣》为首。亦可知此诸诗之编制,亦自以《鹿鸣》为首也。《鹿鸣》之诗,即非作于周公,亦必周公命其同时能诗者为之,其事亦可想见。今试设思,当时四方诸侯,既来助祭于周之宗庙,亲聆《清庙》之颂,退而有大朝会,又亲聆《大雅·文王》之诗。于是于其离去,周天子又亲加宴飨,工歌《鹿鸣》之诗以慰劳之。既曰:我有旨酒,以燕乐嘉宾之心。又曰:人之好我,示我周行。其殷勤之厚意,好德之虚怀,岂不使来为之宾者、各有以悦服于其中而长使之有以尽忠竭诚于我乎?故必知《鹿鸣》之为小雅始,其事乃与《清庙》为颂始,《文王》为大雅始之义,相通互足、而成为一时之大政。而后周公在当时制礼作乐之真义乃始显。至于其下《四牡》、《皇皇者华》诸篇,既不必出于一手,亦不必成于一时;要皆师《鹿鸣》之意而继之有作,其大体亦自可推见,诚可不必一一为之作无证之强说也。

又按《左》昭十年《传》:鲁始用人于亳社,臧武仲在齐闻之,曰:周公其不飨鲁祭乎?周公飨义,鲁无义。《诗》曰:德音孔昭,示民不恌,恌之谓甚矣。德音孔昭二语见《鹿鸣》。魏源《诗古微》因谓:臧武仲以《鹿鸣》为周公述文王诗。窃谓据此而谓臧武仲以《鹿鸣》为周公诗;或之可也;谓其述文王,则殊未必信。旧说又以《天保》以上为文武治内,《采薇》以下三篇为治外;此皆不足深信者。今既知颂始《清庙》,大雅始《文王》,皆周公营洛邑、制礼作乐时所创制;岂有《小雅·鹿鸣》诸诗独远起文武之际之理?然则《鹿鸣》之作应在大雅与颂之后,又自可知。论古之事,固不必一一有据以为之说,而其大体宜可推寻而知,如此等处是也。

周公既遇事必为之制礼作乐焉,而婚姻乃人事之至大者,又其事通乎贵贱上下,宜不可以无礼。于是有《关雎》为风始。《荀子·大略篇》有云:国风之好色也,《传》曰:盈其欲而不愆其止,其诚可比于金石,其声可纳于宗庙。淮南王《离骚传》亦曰:国风好色而不淫。其实皆指《关雎》也。《史记·外戚世家》亦云:自古受命帝王,及继体守文之君,非独内德茂也,盖亦有外戚之助焉。夏之兴也以涂山,而桀之亡也以妹喜;殷之兴也以有娀,纣之杀也嬖妲己;周之兴也以大任,而幽王之禽也淫于褒姒。故《诗》始《关雎》,夫妇之际,人道之大伦也。此说风始《关雎》之义,甚为明当。盖《清庙》、《文王》,所以明天人之际,定君臣之分也,《小雅·鹿鸣》,所以通上下之情。而风之《关雎》,则所以正闺房之内,立人道之大伦也。周公之所以治天下,其道可谓毕具于是矣。

《汉书·匡衡传》有云:臣闻家室之道修,则天下之理得;故《诗》始国风。此亦犹云《诗》始《关雎》也。故又曰:臣闻之师曰:匹配之际,生民之始,万福之原,婚姻之礼正,然后品物遂而天命全;孔子论《诗》,以《关雎》为始。匡氏此说,后世失其解,遂谓孔子定《关雎》为风始。不知《诗》之四始,其事早定于周公,而岂待于孔子之时乎?且匡氏曰:《诗》始《关雎》,亦不得牵四始为说。故知孔子定《关雎》为风始之说不可信也。

后儒论《关雎》,莫善于宋儒伊川程氏。其言曰:《关雎》,后妃之德,非指人言;周公作乐章以风化天下,自天子至庶人,正家之道当然。其或以为文王诗者,言惟文王后妃、足以当此。清儒戴震亦曰：《关雎》，求贤妃也。求之不得，难之也。难之也者，重之也。《周南》首《关雎》，《召南》首《鹊巢》，明事之当然，无过于此。《关雎》之言夫妇，犹《鹿鸣》之言君臣。歌之房中燕飨，俾人知君臣夫妇之正，非指一人一事为之也。然后人又有谓古人绝无言周公作《关雎》者，魏源《诗古微》云：国风不应有王朝公卿之作，但作自风人，采自周公分陕之时，定于周公作乐之日；故《世说》亦以《关雎》为周公作。而晋时鲁韩尚存，当有所本。窃谓魏氏此说，谓国风不应有王朝公卿之作，语实有误；其辨详下。至谓《关雎》定于周公之时，即上引《吕氏春秋》亦已明言之。周公召公取风焉，以为《周南》、《召南》。此先秦旧说，岂不犹早于汉儒之有鲁韩家法乎？则纵谓《关雎》非周公亲作，亦必是周公采之于南国之风。其所采恐亦以音节为主，而其文字，则必有润饰，或所特制，而建以为风始也。

匡衡之疏又曰：臣窃考国风之诗，《周南》、《召南》，被圣贤之化深，故笃于行而廉于色。盖文王之时，三分天下有其二，以服事殷。其时二南疆域已为周有，故周公采二南之乐风以为诗，亦即所以彰文王之德化也。故《诗》之四始，其事皆与文王之德有关：如《清庙》、如《文王》、如《关雎》，已显然矣。惟《鹿鸣》之歌，虽不必指文王，然四方诸侯之来周而助祭者，既是祭祀歌《清庙》，会朝歌《文王》，皆为文王来；则宴飨而歌《鹿鸣》，亦足以使文王之德、洋溢沦浃于天下之人心，而不烦直歌及于文王之身矣。此尤可以见诗人之深旨也。

近代说《诗》者，又多以《关雎》为当时民间自由恋爱之诗，直认为是一种民间歌，此尤不足信。《诗》不云乎，琴瑟友之，钟鼓乐之。不仅远在西周初年,即下值春秋之中叶,《诗三百》之时代将次告终之际,当时社会民间,其实际生活情况,曷尝能有琴瑟钟鼓之备?又如《葛覃》之诗,曰:言告师氏,言告言归。当春秋时民间,又曷能任何一女子,而特有女师之制乎?故纵谓二南诸诗中,有采自当时之江汉南疆者,殆亦采其声乐与题材者为多;其文辞,则必多由王朝诸臣之改作润色,不得仍以当时之民歌为说。

(五)《生民之什》

四始之义既明,请再进而论《大雅·生民之什》。周人之有天下,实不始于文王,而周公必断自文王始。再上溯之,周人之远祖,亦实不始于后稷,而周公必断为自后稷始。此又周公治天下之深义所寓,不可不稍加以发明。

何以谓周人之远祖,实不始于后稷,请即以《生民》之诗为证。《生民》之诗有曰:厥初生民,时维姜嫄。生民如何,克禋克祀,以弗无子。履帝武敏歆,攸介攸止,载震载夙,载生载育,时维后稷。是后稷明有母,母曰姜嫄,是必姜姓之女来嫁于周者,是姜嫄亦明有夫。故曰克禋克祀,以弗无子。此乃既嫁未生子而求有子,故为此禋祀也。亦岂有处女未嫁无夫,而遽求有子,遽自禋祀,以弗无子之理。故即据诗文,自知姜嫄有夫。姜嫄有夫,即是后稷有父也。

不仅惟是。郑玄曰:古者必立郊禖,玄鸟至之日,以太牢祠于郊禖;以祓除其无子之疾,而得其福。若如郑氏言,是当后稷未生时,已有禋祀之礼。则社会文化承演已久,生民之由来必甚远矣。故知周之远祖,实不始于后稷也。

诗又有之,曰:诞寘之隘巷,牛羊腓字之。诞寘之平林,会伐平林。诞寘之寒冰,鸟覆翼之。鸟乃去矣,后稷呱矣。实覃实訏,厥声载路。是后稷方生,其家应有仆妾,其邻有隘巷。有牛羊、必有牧人。有平林、必有伐木者。复有道路、池塘。生聚已甚繁,固无所谓厥初生民也。

抑诗又有之,曰:诞寘匍匐,克岐克嶷,以就口食。蓺之荏菽,荏菽旆旆,禾役穟穟,麻麦幪幪。太史公《史记》说之曰:弃为儿时,其游戏好种殖麻麦,麻麦美。及为成人,遂好耕农。尧举以为农师。此即诗所谓即有邰家室也。是后稷初生时,并已先有农事。

然则诗文既如是,何以又曰厥初生民,时维姜嫄乎?故知周人自后稷前,已远有原始,特周公断以后稷为周人之原始也。《小戴礼》有言,万物本于天,人本于祖。周人则截取后稷以为之祖。后稷本有父,其父仍必有父,如此追溯而上,厥初生民,究为何人?《诗·商颂·玄鸟》之诗曰:天命玄鸟,降而生商,宅殷土芒芒。是商人奉玄鸟为始祖也。不仅商人,世界各民族奉鸟兽为先祖者,实多有之。此皆沦人道,降与万物为类也。后人遂谓:简狄以玄鸟至之日,祈于郊禖而生契。则是以周人之推说其始祖之降生者转说商人。不知商人之说,乃人类之原始祖;周人之说,则与原始祖不同。特以后稷教民稼穑,生事所赖,人文大启,乃因而尊奉之,截取以为人类之始祖也。此可谓之人文祖,非原始祖。惟既经截取,则不当再溯其父,故曰履帝武敏歆,攸介攸止,载震载夙,载生载育,时维后稷。是后稷虽有父,而其生并不专由父,乃天降后稷,以福斯民也。

何以知周人之祖后稷,必断自周公?《中庸》之书有之,曰:周公郊祀后稷以配天,宗祀文王于明堂,以配上帝。《汉书·郊祀志》亦云:周公相成王,王道大洽,制礼作乐;郊祀后稷以配天,宗祀文王于明堂,以配上帝。四海之内,各以其职来助祭。此乃周公制礼作乐之最大纲领,其事已详论在前,故知周人之祖后稷,必自周公断之也。即谓周人之祖后稷,事在周公前,然必至于周公而其制始定。礼乐既作,其义大显,此则据于诗而可知。故知周人以文王为始有天下,与其以后稷为始祖,皆一代礼乐之大关节所在,其事非周公则莫能定也。

故《周颂·清庙之什》有《思文》,其诗曰:思文后稷,克配彼天。立我烝民,莫匪尔极。贻我来牟,帝命率育。无此疆尔界,陈常于时夏。蔡邕《独断》有云:《思文》,祀后稷配天之所歌也。是《清庙》之后,继之有《文王》,正犹《思文》之后,继之有《生民》也。盖后稷之德之所以克配彼天者,由其教民稼穑,使民得粒食。四海之生民,则孰不有赖于农事以为生?而后稷乃发明此农事者,既已因其所发明以遍养夫天下之民,故凡天下之民,亦不当复有此疆尔界之别,惟当以共陈此常功于斯夏为务也。故依周公之说,周人之有天下,近之自文王,远之自后稷,皆以文德,率育斯民。其德足以配天,故得膺天命而王。则苟知畏天者,自知无与周争王之可能也。《中庸》又言之曰:郊社之礼,所以事上帝也。宗庙之礼,所以祀乎其先也。明乎郊社之礼,禘尝之义,治国其如示诸掌乎。盖人孰不有先,人孰不戴天;而周人之先,克配彼天,则宜其有天下,而天下人亦自无不服。此周公之诗与礼,所以能深入人心,而先得夫人心之同然者。此周公之所以能以诗礼治天下、而亦周公之所以为圣人也。

(六) 豳诗《七月》

周公之远尊后稷,犹有其重视农业、重视民生之深意存焉。此观于周公之戒成王以毋逸而可知。请继是再论豳诗之《七月》。《左传》季札观豳,曰:其周公之东乎?毛《序》:《七月》,陈王业也。周公遭变故、陈后稷先公风化之所由,致王业之艰难也。郑《笺》:周公遭变者,管蔡流言,辟居东都。今按《尚书·金縢》云:武王既丧,管叔及其群弟流言于国。周公曰:我之弗辟,无以告我先王。周公居东二年,则罪人斯得。此直言居东,不言东都,盖周公之居东,实即居豳也。《逸周书·度邑解》有云:武王既封诸侯,征九牧之君,登汾阜、望商邑而永叹。还至东周,终夜忧劳不寝。汾即邠,邠即豳也。豳为公刘所居,其地实在丰镐逾河而东,说详余旧著《周初地理考》。周公逾河而东,讨三监,盖居晋南之豳,即武王往日所登之汾阜也。《七月》之诗用夏时,春秋时惟晋用夏时,此亦《七月》乃晋南汾域之诗之证。

今按:《七月》既是周公陈王业,此亦可谓属于周公之事矣。《书·金縢》又云:周公居东二年,罪人斯得,于后公乃为诗以贻王,名之《鸱鸮》。《史记·鲁世家》亦云:周公奉成王之命,兴师东伐,遂诛管叔、杀武庚,归报成王,乃为诗贻王,命之曰《鸱鸮》。毛《序》亦言:《鸱鸮》,周公救乱也。成王未知周公之志,公乃为诗以遗王,名之曰《鸱鸮》焉。此皆言《鸱鸮》为周公作也。又毛《序》:《东山》,周公东征也。朱子曰:周公东征既归,因作此诗以劳归士。序又曰:君子之于人,序其情而闵其劳,所以说也。说以使民,民忘其死,其惟《东山》乎?朱子说之曰:诗之所言,皆其军士之心之所愿,而不敢言者。上之人乃先其未发而歌咏以劳苦之,则其欢欣感激之情为何如哉!盖古之劳诗皆如此,其上下之际,情志交孚,虽家人父子之相语,无以过之;此其所以维持巩固数十百年而无一旦土崩之患也。此谓《东山》之诗亦周公作也。其下《破斧》、《伐柯》、《九罭》、《狼跋》,毛《传》皆曰美周公。然则豳诗七篇,皆当属之周公。此殆周公作诗之最在前者,而雅颂诸篇犹在后。《太史公自叙》谓:《诗三百》,大抵圣贤发愤之所为作也。此人皆意有所郁结,不得通其道。史公此说,似不足以言《诗》之四始。《诗》之四始,皆周公所作;而周公作诗,犹有前于《诗》之四始者。是即《七月》、《鸱鸮》诸篇,则真史公之所谓其意有所郁结,不得通其道,乃发愤而为之也。又观于《破斧》诸篇,则不仅周公能诗,即周公之从者亦能诗。故知今《诗》之雅颂,凡出周公之时者,纵有非周公之亲笔,亦必多有周公命其意,而由周公之从者为之,则亦无异乎是周公之为之也。

关于豳诗七篇之编制,孔《疏》有云:《七月》陈豳公之政。《鸱鸮》以下不陈豳事,亦系豳者,以《七月》是周公之事,既为豳风,《鸱鸮》以下,亦是周公之事,尊周公使专一国,故并为豳风也。又曰:郑《志》张逸问,《豳·七月》专咏周公之德、宜在雅,今在风何?答曰:以周公专为一国,上冠先公之业,亦为优矣;所以在风下，次于雅前，在于雅分，周公不得专之。逸言咏周公之德者，据《鸱鸮》以下发问也。郑言上冠先公之业，谓以《七月》冠诸篇也。故周公之德系先公之业，于是周公为优矣。次之风后雅前者，言周公德高于诸侯，事同于王政，处诸国之后，不与诸国为伦。次之小雅之前，言其近堪为雅，使周公专有此善也。

孔《疏》此说，颇属牵强。周公之作为豳诗，其事尚在《诗》有四始之前。其时尚无雅颂与《关雎》。雅颂之与《关雎》，皆为王政所系。豳诗则周公私人之事，义不当与雅颂并列，故编者取以次颂、雅、《关雎》之后，自为一部，明不与王政相关。故诗之初兴，有颂有雅，有南有豳，其时则尚无国风之目。此雅、颂、南、豳之四部，皆成于周公之手，故附豳于雅、颂与南之后。若谓使周公专有一国，此乃据后说前，非当时实况也。若谓《鸱鸮》、《东山》诸体近雅，则《狼跋》诸诗不又近颂乎？如是论之，豳之七诗，实兼有风雅颂之三体，而专以宜在雅为问，亦未是也，更亦何有所谓风后雅前之说乎？

逮其后，诗篇愈多，曰风、曰雅、曰颂，皆已褎然成帙，而豳诗常仅七篇，不能续有所增；且于例亦不宜以此七篇之诗别为一编，乃以改附于二南风诗之末，而称之曰变风焉。明其本与风诗有辨也。豳诗为变风之说，从来说经诸儒，皆无妥善之解释，由于说《诗》者皆就《诗三百》已成定编之后说之；不悟在未臻三百首以前，《诗》之编制，亦有变动。而豳诗之列于风末，目为变风者，则必在《诗》之编集有所变动之际，并不自初即然，亦不当在《诗三百》已成定编之后；则事虽无证，理犹可推也。

《诗》之始有编定，必先颂、次大雅、次小雅、又次二南，而以豳诗七篇附其后。后有十五国风，又经改编、而先南后豳，循而未改。诸国之风，乃皆以列入于南后豳前，而复颠倒雅颂，转列风后，于是豳诗遂若特次于小雅之前矣。郑氏说豳之所以在风下而次雅前者，其说虽出于汉儒，而亦岂可信守乎？

其次有一问题当附带论及者，厥为豳分风、雅、颂之说。《周官·春官》之《籥章》有云：中春昼击土鼓，龡豳诗以逆暑，中秋夜迎寒亦如之。凡国祈年于田祖，则龡豳雅击土鼓以乐田畯。国祭蜡，则龡豳颂，击土鼓以息老物。乃有所谓豳雅、豳颂之称，而后儒莫知其何指。郑康成即以《七月》一诗分属风、雅、颂为三节，后儒多疑之，谓其决不可信。惟宋翔凤辨之，曰：迎寒暑则宜风，故谓之豳诗；祈年则宜雅，故谓之豳雅；息老物则宜颂，故谓之豳颂。郑君于诗中各取其类以明之，非分某章为雅、某章为颂也。胡承珙亦曰：细绎注意，盖籥章于每祭皆歌《七月》全诗，而取义各异。宋胡之说，殆为得之。窃谓风、雅、颂之分，本分于其诗之用。周公为《七月》，其事尚在有风、雅、颂之前；故《七月》一诗，在周公创作之时，本无当属于风、雅、颂任何一体之意。而后人特乐用此诗，亦因此诗既为周公之作，而周人重农，上自天子、下迄民间，于农事既有种种之礼节；《七月》之诗，乃遇事而用之，其为用之广，今虽无可一一确指，然犹可想像。《周官》纵出战国晚年，然豳雅、豳颂之说，疑亦有其来历，不得以后世失传，遂摈之于不论不议之列也。

朱子《诗集传》论此云：豳雅、豳颂，未见其篇章之所在，故郑氏三分《七月》之诗以当之；其道情思者为风，正礼节者为雅，乐成功者为颂。然一篇之诗，首尾相应，乃剟取其一节而偏用之,恐无此理。或疑本有是诗而亡之,或又疑但以《七月》全篇、随事而变其音节,以为风或雅与颂,则于理为通,而事亦可行。如又不然,则雅、颂之中,凡为农事而作者,皆可冠以豳号;其说具于《大田》、《良耜》诸篇,读者择焉可也。今按朱子以《楚茨》诸诗为豳之雅,《噫嘻》诸诗为豳之颂。此诸诗虽言田事,固未见有豳称,实难依据。然朱子说经如此等处,备列异说,不加论定,存疑待考,实最可法。《周官·龠章》之文,如郑君之遍通齐鲁韩毛四家,于此亦仅能推测说之,岂有后人去古逾远,而转可必得一定说者。正为定说之不可必得,而后参酌众说、择一而从,此亦后人说经所宜有。且朱子之说,可谓已导宋胡之先路矣。乃皮锡瑞氏《经学通论》,拘守今文家法,轻蔑《周官》,谓此等皆无裨经义,其真伪是非,可以不论;治经者当先扫除一切单文孤证疑似之文,则心力不分,而经义易晰。此若言之成理。然又何知其无裨经义而一切置之乎?故此终非说经之正途也。

朱子所谓随事而变其音节云云,孙诒让《周礼正义》又申说之,云:风、雅、颂以体异,而入乐则以声异。此经云吹豳诗者,谓以豳之土音为声,即其本声也。吹豳雅者,谓以王畿之正音为声。吹豳颂者,谓以宫庙大乐之音为声。其声虽殊,而为《七月》之诗则一也。今按:诗之入乐,风、雅、颂之为声必异,此亦无可疑者。惟《周官》此章云龠章掌土鼓豳龠。《小戴礼·明堂位》有曰:土鼓蒉桴苇龠,伊耆氏之乐。马瑞辰曰:龠章以掌龠为专司,故首言豳龠。盖龠后世始用竹,伊耆氏止以苇为之,豳龠即苇龠也。不曰苇而曰豳,盖豳人习之。马氏此说殆是。此盖豳人习俗,以土鼓苇龠祈年,周公居豳,观其俗而有感,作为

《七月》之诗，而仍以土鼓苇龠入乐也。此豳乐之所为异于雅、而与二南同列于风诗也。其后虽迎寒暑祈年息老物皆歌《七月》，若有类于风雅颂之各有其用，然同是土鼓苇龠，则其音终近于豳人之土风，并不能如西周之雅、颂。孙氏之说，疑未是也。

抑犹有说者：《周官》明曰豳诗、豳雅、豳颂，固未言豳风也。盖豳诗之成，其时最早，犹在风、雅、颂分体之前。自有四始，诗分雅、颂、南、豳，前三者皆属于王室，惟豳诗则为周公之事，故以附之雅颂南之后，其时宜不名为豳风。至其附编于国风之后，事益后起。凡此均已详论于前。然则《周官》作者或谓豳诗体近雅、颂，故遇其用近雅者称豳雅，用近颂则称豳颂；而其本称则仅曰豳诗，固未呼之曰豳风也。此亦近似臆测无证，姑述所疑以备一说。因其与讨论《诗》之分体与编制有关，故不惮姑此详说之也。

（七）《诗》之正变

继此请言《诗》之美刺正变。《汉书·礼乐志》有云：昔殷周之雅颂，乃上本有娀姜嫄，卤、稷始生，元王、公刘、古公、太伯、王季、姜女、太任、太似之德，乃及成汤、文、武受命，武丁、成、康、宣王中兴，下及辅佐阿衡、周、召、太公、申伯、召虎、仲山甫之属，君臣男女，有功德者，靡不褒扬功德。既信美矣，褒扬之声、盈乎天地之间，是以光名著于当世，遗誉垂于无穷也。盖诗之体，起于美颂先德，诗之用，等于国之有史；故西周之有诗，乃西周一代治平之具、政教之典。班氏之说，可谓深得其旨矣。惜班氏不知诗起于西周,雅、颂创自周公,而兼殷周并言之,则昧失古诗之真相。太史公《史记》则曰:天下称颂周公,言其能论歌文武之德,达太王王季文王之思虑。以此较之班氏,远为允惬矣。

由于上说,美者《诗》之正,刺者《诗》之变,无可疑者。惟亦有美颂之诗,而亦列于变,如变小雅有美宣王中兴之诗之类是也。窃谓《诗》之正变,若就诗体言,则美者其正,而刺者其变;然就诗之年代先后言,则凡诗之在前者皆正,而继起在后者皆变。诗之先起,本为颂美先德,故美者《诗》之正也。及其后,时移世易,诗之所为作者变,而刺多于颂,故曰《诗》之变。而虽其时颂美之诗,亦列变中也。故所谓《诗》之正变者,乃指诗之产生及其编制之年代先后言。凡西周成康以前之诗皆正,其时则有美无刺;厉宣以下继起之诗皆谓之变,其时则刺多于美云尔。郑氏《诗谱序》云:孔子录懿王、夷王时诗,讫于陈灵公淫乱之事,谓之变风、变雅。是亦谓变风变雅起于懿王以后也。惟谓孔子录之,则疑未尽然。然又有可说者,豳风七篇有关周公之诗,其年代于《诗三百》篇中当属最前,而亦列于变;此又当别说,而其说已详于前。盖此七篇本附四始之后,其后诗之编定既有正有变,故遂并豳诗而目之为变。是亦由其编定在后而得此变称也。

且不仅《诗》之产生先有美、后有刺,即说《诗》者亦然。其先莫不言此诗为颂美,而继起说者又多称此诗为讽刺。同一诗也,而谓之美、谓之刺,此又说《诗》者之变也。如齐、鲁、韩三家,莫不以《关雎》、《鹿鸣》为怨刺之诗是已。不仅惟是,《左传》吴季札观于鲁,为之歌小雅,曰:美哉!思而不贰,怨而不怒,其周德之衰乎！犹有先王之遗民焉。若《左传》所载季札之言可信，是在孔子前，已多以怨刺言《诗》矣，即季札亦然，又何待于后起齐、鲁、韩诸儒之说《诗》而始然乎？故《淮南·氾论训》亦曰：王道缺而《诗》作，周室废、礼义坏而《春秋》作；《诗》、《春秋》，学之美者也，皆衰世之造也。此皆以衰世之意说《诗》之证也。太史公亦谓仁义陵迟，《鹿鸣》刺焉。王符《潜夫论》有曰：忽养贤而《鹿鸣》思。夫同一《鹿鸣》之诗，当西周之初歌之，则人怀周德，见其好贤而能养。自衰世歌之，则因《诗》反以生怨，见前王能养贤，而今不然。即如《关雎》亦然，在西周盛世歌之，则以彰德化之美；自衰乱之世歌之，岂不徒以刺今之不然乎？故太史公又谓：周道缺，诗人本之衽席，《关雎》作也。故知三家说《鹿鸣》、《关雎》为怨刺，义无不当。惟若拘于家法，必谓《鹿鸣》、《关雎》有刺无美，疑其皆属衰世晚出之诗，而怀疑及于《诗》有四始之大义，则所失实远耳。

抑又有说者：如《小雅·小旻之什》，多臣子自伤不偶，各写遭际，各抒胸怀，此固未必是刺，而要之是《诗》之变。又如《都人士》、《桑扈》两什，其间已尽多风体。此亦见文章之变，关乎气运，即此可见小雅之益变而为风，而风诗之后起，亦于此而可知矣。

请继此论变风。夫《诗》之初兴，有颂、有雅、有南，南亦谓之风，于是而有四始，如是而已。雅、颂既无所谓正变，风亦无所谓正变也。自豳之七诗列于南后，雅有正变，而豳亦目之为变风焉。然风有正变，犹无国风之称也。顾亭林《日知录》谓：南、豳、雅、颂为四诗，而列国之风附焉，此《诗》之本序也。顾氏又谓二南、豳、大小雅、周颂，皆西周之诗，其余十二国风，则东周之诗也。顾氏以南、豳、雅、颂为四诗，固失之；然其论十二国风后起，则甚是。盖诸国有诗，其事皆在后。其先列国本无诗，则乌得有国风之目乎？俟诸国有诗，乃有国风之目，以附于二南，遂谓二南亦国名，此又失之。国风既后起，故其诗虽各有美刺，亦皆列为变风也。

（八）《诗三百》完成之三时期

　　故今《诗》三百首之完成，当可分为三期。第一期当西周之初年，其诗大体创自周公。其时虽已有风、雅、颂三体，而风仅二南，其地位远较雅、颂为次，故可谓是《诗》之雅、颂时期。此时期即止于成王之末，故曰成康没而颂声寝也。成康以后，因无颂、因亦无雅；盖雅、颂本相与以为用，皆所以为治平之具、政教之本。今治平已衰，政教已熄，故成、康以后，历昭、穆、共、懿、孝、夷之世皆无诗也。其第二期在厉、宣、幽之世，此当谓之变雅时期。其时已无颂，而继大小雅而作者，皆列为变雅。盖《诗》本主于颂美，而今乃兼美刺，故谓之变也。豳诗之在西周初期，当附于南、雅、颂之末，至是乃改隶于二南而目为变风焉，此殆因有变雅，故乃谓之变风也。其第三期起自平王东迁，列国各有诗，此时期可谓之国风时期，亦可谓之变风时期。至是则不仅无颂，而二雅亦全灭，而风诗亦变。至于益变而有商、鲁之颂，其实则犹之同时列国之风之变而已尔。而居然亦称颂，则诚矣见王政之已熄也。

抑余于变风、变雅犹有说。《毛传·国风序》有云：一国之事系一人之本谓之风，言天下之事、形四方之风谓之雅。孔《疏》云：一人者、作诗之人。其作诗者，道己一人之心耳。要所言一人之心，乃是一国之心。诗人览一国之意以为己心，故一国之事系此一人使言之也。但所言者，直是诸侯之政行风化于一国，故谓之风，以其狭故也。言天下之事，亦谓一人言之。诗人总天下之心，四方风俗，以为己意，而咏歌王政；故作诗道说天下之事，发见四方之风，所言者乃是天子之政施齐正于天下，故谓之雅，以其广故也。今按：朱子曰：颂用之宗庙，雅用之朝廷，风用之于乡人及房中之乐。又曰：正小雅，燕飨之乐，正大雅，会朝之乐，多周公制作时所定。其说是矣。然朱子之说，可以说《诗》之正，未足以说《诗》之变也。如毛氏之说，则正所以说《诗》之变，而亦未足以说《诗》之正。当周公之制作，为王政之用而有诗，则未有所谓诗人也。逮于《诗》之变而诗人作焉。彼诗人者，因前之有诗而承袭为之，在彼特有感而发，不必为王政之用而作也。故谓之雅者，其实不必为朝廷之用。谓之风，亦不必为乡人与房中之乐。后之说《诗》者，乃因此诗人之作意，而加以分别。谓其所言系乎一国，故属之风；系乎天下，故属之雅。此显与周公制礼作乐时之有诗，事大不同；故谓之变风、变雅尔。而风与雅之变，其间尚有辨。盖当厉、宣、幽之时，未尝无诸侯、君卿、大夫之作者，以其诗之犹统于王朝，故谓之为变雅。至于东迁以后，纵亦有周室王朝之作者，以其诗之分散在列国，而不复有所统，故虽王国之诗亦同谓之变风也。淮南王有曰：国风好色而不淫，小雅怨诽而不乱，若《离骚》者，可谓兼之矣。盖屈子之作《离骚》，正是所谓诗人一人之作，故以继变小雅与国风为说也。至于周公之作为雅、颂，与《诗》之有四始，此乃一代新王之大政大礼，而岂可与后代诗人一人之作同类而说之乎。此又《诗》之有正变所分之大义所关，而惜乎前人尚未有能发此义者。则以前儒说《诗》，多不注意于分别《诗》之制作时期，而常包举全诗三百首，认为一体而并说之故也。

（九）《诗》亡而后《春秋》作

　　《诗三百》演变完成之时序既明，而后《诗》亡而《春秋》作之义亦可得而言。孟子曰：王者之迹熄而《诗》亡，《诗》亡然后《春秋》作。此孟子以孔子继周公也。盖周公之创为雅、颂，乃一代王者之大典，所以为治平之具、政教之本，而孔子之作《春秋》，其义犹是也。然则孟子之所谓《诗》亡，乃指雅、颂言也。赵岐注以颂声不作为亡，朱注以《黍离》降为国风而雅亡为亡。如余上之所论，雅、颂本相与为用，则赵朱之说，其义仍可相通。郑氏《诗谱》则曰：于是王室之尊与诸侯无异，其诗不能复雅，故贬之谓之王国之变风。陆德明谓：平王东迁，政遂微弱，诗不能复雅，下列称风。孔颖达谓：王爵虽在，政教才行于畿内，化之所及，与诸侯相似。风、雅系政广狭，王爵虽尊，犹以政狭入风。凡此数说，言雅之变而为风，皆辞旨明晰。若王政能推及于诸侯，是王朝之诗能雅矣。若王政不下逮，仅与诸侯相似，则虽王朝之诗，亦谓之风，故曰不能雅也。孟子之所谓《诗》亡，即指雅亡言。使诗犹能雅，即是王政尚存，孔子何得作《春秋》以自居于王者之事乎？故知朱子之注，远承前儒，确不可破。其他诸说纷纷，必以风、雅全亡为《诗》亡，谓当至陈灵《株林》之诗始得谓《诗》亡者，斯断乎其不足信矣。盖厉、宣、幽之有变雅，王迹虽衰，犹未全熄也。至于国风之兴，则王迹已全熄，虽亦有诗，而诗之作意已大变，故不得不谓之《诗》亡也。《公羊传》说《春秋》功德云：拨乱世反诸正，莫近于《春秋》。反诸正，即谓反之《诗》之雅颂之正耳。故周公之《诗》兴于治平，孔子之《春秋》兴于衰乱。时代不同，所以为著作者亦不同；实则相反而相成，此古人言《诗》亡而《春秋》作之大义。周孔之所以为后儒所并尊，亦由此也。

顾亭林《日知录》又云：二南、豳、雅、颂皆西周之诗，至于幽王而止。十二国风则东周之诗。王者之迹熄指诗亡、西周之诗亡也。诗亡而列国之事迹不可得见，于是晋《乘》、楚《梼杌》、鲁《春秋》作焉。是之谓《诗》亡然后《春秋》作也。窃谓顾氏之说甚精，而语有未晰。当西周时，不仅列国无诗，即王室亦不见有史。周之有史，殆在宣王之后。其先则雅、颂即一代之史也。周之既东，不仅列国有诗、并亦有史。然时移势易，列国之诗，与西周之诗不同。顾氏谓诗亡而列国之事迹不可得见，正见国风之不能与小雅相比例也。孔子曰：如有用我者，我其为东周乎。其作《春秋》，亦曰其事齐桓、晋文。孔子以史继诗之深旨，顾氏独发之，而惜乎其言之若有未尽。盖《春秋》王者之事，正因其远承西周之雅、颂。后儒不能明其义，而专注意于孔子作《春秋》与夫《诗》亡之年代，故乃以《株林》说《诗》亡，则甚矣其为浅见矣。

（一〇）采诗与删诗

继此又当辨者，则所谓采诗之官之说是也。夫苟有采诗之官，其所采，宜以属于列国之风者为多。顾何以于西周之初，其时王政方隆；下及厉、宣、幽之世，王政虽不如前，而固天下一统，其政尚在、未尽坠地。当时采诗之官，所为何事，何以十二国风之诗，乃尽在东迁之后乎。且周之既东，若犹有采诗之官，采此各国之诗。则所谓贬之谓王国之变风者，又是何人所贬？岂有王朝犹能采诗于列国，而顾自贬王朝之诗以下侪于列国之风之事？此皆无义可通也。

故知当《诗》之初兴，其时风诗仅有二南，未尝有诸国之风也。至于二南之或名风，抑仅名南，此非问题所在，可不论。郑氏注《周礼》有云：风言圣贤治道之遗化。孙诒让曰：周初止有正风，故专据圣贤遗化说之，是亦谓周初本未有诸国之风也。其时既无诸国之风，亦可知王朝本无采诗之官矣。逮于厉、宣、幽之世，而有变雅之作，其时则豳诗遂列于变风。然其时之所谓风，亦仅二南与豳，未有诸国风诗也。因无诸国风诗，故知其时王朝，亦仍未有采诗之官。既在西周时，王朝未有采诗之官，岂有东迁以后，王政不行，而顾乃有此官之设置乎？此又大可疑者。

《小戴礼·王制》有云：天子五年一巡守，命太师陈诗以观民风。此若为太师有采诗之责矣。然其所言诗，主于风，不及雅、颂。而《诗》之兴起，明明雅、颂在先；在西周之初，可谓二南与豳之外尚无风,则此太师所陈,最多可谓是各地之歌谣,决非如今《诗三百》中之诗篇。抑且《王制》作于汉儒,巡守之制既不可信,谓于巡守所至而太师陈诗,其说之不可信,亦不待辨矣。

主古有采诗之官者,又或据《左传》襄十四年师旷对晋侯之说为证。师旷曰:史为书,瞽为诗,工诵箴谏,大夫规诲,士传言,庶人谤。故《夏书》曰:遒人以木铎徇于路,官师相规,工执艺事以谏。然《左传》此文殊可疑:在师旷时,果有此《夏书》否?一可疑也。遒人以木铎徇路,果即为采诗之官否?二可疑也。采诗之官,若果远起夏时,则夏、殷二代之诗,何以全无存者?三可疑也。且师旷明谓瞽为诗,士传言,庶人谤;是诗在太师,不在民间。师旷之引《夏书》,亦只谓遒人以木铎行路所采,乃士庶人之谤言。如是说之,尚可与厉王监谤,子产不毁乡校诸说相通,又乌得以采诗与木铎徇路相附会乎?

且左氏此文亦实与《周语》厉王监谤篇相类似。《周语》召公之言曰:天子听政,使公卿至于列士献诗,瞽献典、史献书,师箴、瞍赋、矇诵,百工谏,庶人传语。以较左氏之文,似为妥惬。盖瞽之所献,乃为乐典;而诗则必献自公卿列士。太师非作诗之人,更无论于庶人。《晋语》亦有之,范文子曰:使工诵谏于朝,在列者献诗使勿兜,风听胪言于市,辨妖祥于谣,考百事于朝,问谤誉于路。韦昭曰:列,位也,谓公卿至于列士。是亦谓献诗者乃在位之公卿列士。工即矇瞍,仅能诵前世已有之篇。市有传言,路有谤誉,亦不谓诗之所兴,即在市路民间也。则根据左氏内、外传之语,当时诗在上、不在下,岂不明白可证乎?而《王制》之说,所谓太师陈诗观风者,益见其为晚世歧出之言,不足信矣。

抑且《王制》陈诗观风之说，亦不如《左》昭二十一年所载泠州鸠天子省风以作乐之说为较可据。泠州鸠之言曰：夫乐，天子之职也。夫音，乐之舆也。而钟、音之器也。天子省风以作乐，器以钟之，舆以行之。盖古者诗与乐皆掌于王官，皆在上，不在下，皆所以为一王治平之具。即如泠州鸠之言，其义亦可见。《晋语》师旷亦言之，曰：夫乐以开山川之风，以耀德于广远。风德以广之，风山川以远之，风物以听之。修诗以咏之，修礼以节之。师旷此语，可以说明二南之所以为风之义。据师旷之语，亦知《关雎》非民间诗；而所谓钟鼓乐之者，非民间之礼。而二南之所以列为风诗，与雅颂并尊，《关雎》之为《诗》之四始，其义皆可由师旷语推而明之。决非当西周之初，其时已有采诗之官。方王室巡守，至于南疆，太师遂采南国之诗，如《关雎》之类而陈之，以为王者观风之助；如《王制》之所云，其为后起之说，可不辨而明矣。

采诗之官之说既可疑，而孔子删诗之说亦自见其不可信。崔述《考信录》有云：国风自二南、豳以外，多衰世之音。小雅大半作于宣、幽之世。夷王以前寥寥无几。果每君皆有诗，孔子不应尽删其盛而独存其衰。且武丁以前之颂，岂遽不如周；而六百年之风、雅，岂无一二可取，孔子何为而尽删之。据崔氏说，亦可见《诗》起于西周，雅、颂乃周公首创，殷商之世尚未有《诗》。而今《诗三百》，显分三时期。孔子若删诗，不应如此删法，使某一期独存，而某一期全删。故崔氏又曰：孔子原无删诗之事。古者风尚简质，作者本不多，又以竹写之，其传不广，故世愈远则诗愈少。孔子所得，止有此数。此可谓允惬之推想也。

既无采诗之官，又无删诗之事，今《诗》三百首，又是谁为之编集而保存之？窃谓诗本以入乐，故太师乐官即是掌诗之人。当春秋时，列国各有乐师，彼辈固当保存西周王室传统以来之雅、颂。而当时列国竞造新诗，播之弦歌，亦必互相传递，一如列国史官之各自传递其本国大事之例。故诗之结集，即结集于此辈乐师之手。吴季札观乐于鲁，即观于鲁之太师。孔子自卫返鲁而乐正，亦即就于鲁之太师而有以正之也。孙诒让《周礼正义》卷四十五《大师》下有云：《国语·鲁语》云：昔正考父校商之名颂十二篇于周太师，以《那》为首。《汉书·食货志》云：孟春之月，行人振木铎徇于路，以采诗；献之太师，比其音律，以闻于天子。则凡录诗入乐，通掌于太师，其言是矣。惟行人采诗之说为不可信。《隋书·经籍志》有云：幽厉板荡，怨刺并兴，其后王泽竭而诗亡，鲁太师挚次而录之。此说宜有所承。惟太师挚之所录，不仅王泽之雅诗，亦有列国之风篇。则《隋志》犹嫌未尽耳。

至论风诗之兴衰，方周之东迁，迄于春秋初期，此际似列国风诗骤盛，稍下即不振。故齐风终于襄公，唐风终于献公，桓文创霸，而齐、晋已不复有诗。而列国卿大夫、聘问宴飨赋诗之风则方盛。及孔子之生，赋诗之风亦将衰。此皆观于左氏之记载而可知。故今《诗三百》之结集，当早在季札观乐时已大定。方其成编之时，列国风诗正盛行，而西周雅、颂已不复为时人所重视，故太师编《诗》，亦以国风居首，而雅、颂转随其后也。

（一一）鲁颂商颂及十二国风

若以上所窥测，粗有当于当时之情势；则继此可以推论者，首为鲁、宋之无风。盖鲁为周公之后，周之东迁，而有周礼尽在于鲁之说；亦有谓成王以周公有大勋劳于天下，故赐伯禽以天子之礼乐者。故知西周雅、颂旧什，惟鲁独备。而鲁人僭泰，漫加使用，如三家者以雍彻之类是也。孔子谓自卫返鲁而后乐正，雅、颂各得其所者，乃谓考正西周雅、颂原所使用之传统与其来历。非谓雅、颂已不复存，亦非谓雅、颂已不复用，更非谓本无雅、颂之名，由孔子而始定其名。正为礼乐自诸侯出，鲁之君卿大夫使用雅、颂谬乱失其所，故孔子考而正之。后人失其解，乃谓孔子未正乐之前，雅、颂必多失次，而何以《左传》载季札观乐在孔子正乐前，而十五国风、雅、颂皆秩然不紊。《周礼·春官·大师疏》引郑众《左氏春秋注》有云：孔子自卫反鲁，在哀公十一年。当此时，雅、颂未定，而云为歌大小雅、颂者，传家据已定录之。又《诗谱序·疏》引襄二十九年《左传》服虔注有云：哀公十一年，孔子自卫反鲁，然后乐正，雅、颂各得其所。距此六十二岁，当时雅、颂未定，而云为之歌小雅、大雅、颂者，传家据已定录之。凡此皆不识孔子正乐之义，故乃为此曲说。然正惟鲁人常乐行用西周雅、颂旧什，故独不造为新诗。今国风无鲁，顾有鲁颂，亦此故也。方玉润《诗经原始》云：《鲁颂·駉》实近雅，《有駜》、《泮水》则兼风，《閟宫》且开汉赋之先，是诗变为骚，骚变为赋之渐。是知称颂者特其名，论其诗体，固不掩其随气运而转变之大体，终亦无可异于当时列国之风诗也。

鲁之外有宋，宋为殷后，其国人常有与周代兴之意。今《诗》鲁颂之后有商颂，三家诗谓是正考父美宋襄公，殆是也。当时鲁、宋两国皆无风，而顾皆有颂，盖鲁自居为周后，当袭西周旧统；宋自负为商后，当舆周为代兴；故皆模效西周王室作为颂美之诗，而独不见有风诗也。若谓国风皆起民间，则何以鲁、宋民间无诗，又复无说可通矣。清代如魏源、皮锡瑞之徒，乃以当时今文学家之成见，谓两颂之先鲁后殷，正犹《春秋》之新周故宋，谓《诗》之三颂有《春秋》存三统之义；则尤曲说之曲说，不足辨。而犹存其说于此，特以见自来说《诗》者之多妄，警学者不可不慎择也。

至于列国诸风之次第，自来亦多歧说。今姑引孔颖达《正义》之说而试加以阐述。孔氏之言曰：周、召，风之正经，固当为首。自卫以下十有余国，编次先后，旧无明说。盖邶、鄘、卫土地既广，诗又早作，故以为变风之首。平王东迁，王爵犹存，不可过后于诸侯，故次卫。郑桓武夹辅平王，故次王。齐则异姓诸侯，又以太公之后，国土仍大，故次郑。魏国虽小，经虞舜之旧封，有夏禹之遗化，故次齐。唐者，叔虞之后，故次魏。秦为强国，故次唐。陈以三恪之尊，国无令主，故次秦。桧、曹则国小而君奢，民劳而政懈，次之于末。豳者周公之事，次于众国之后，非诸国之例。窃谓国风之次第，首二南而殿豳，说已详前。其他十二国，依孔《疏》次第，可分卫、王、郑为一类，齐一类，魏、唐、秦为又一类，陈一类，桧、曹为又一类。何以说之。盖邶、鄘、卫承自殷之故都，其地文物，当西周之初，殆较丰镐尤胜，武王封其弟康叔，

《大雅·荡之什》有《抑》,乃卫武公自儆之诗。《小雅·桑扈之什》有《宾之初筵》,亦卫武公诗。《楚语》左史倚相有曰:卫武公倚几有诵训之谏,宴居有师工之诵。又曰:史不失书,矇不失诵。则卫之有诗,胎息自西周,与雅、颂旧什,最有渊源,故列以为国风之始也。以王次卫,则以周之东迁,政教虽微,要之乃西周正统所垂也。以郑次王者,周之东迁,晋郑焉依;郑之于王为最亲,其地密迩东都,其迁国也晚,亦尚有西周之遗绪焉。故当春秋初叶,国风开始,王人以外,卫、郑最居前列。如卫人赋《硕人》,许穆夫人赋《载驰》,郑人赋《清人》,其事皆备载于《左传》。故卫、王、郑之风合为一类也。

齐者,泱泱大国,表东海;又太公之后,于周最为懿亲,染周之风教亦深,为又一类。魏、唐皆周初封国,其地近豳,周公曾层之,豳风所肇,必有影响。秦有岐丰之地,西周旧声,犹有留存焉者,与魏、唐当为又一类。《左传》记春秋列国卿大夫赋诗,始见于鲁僖二十三年,晋公子重耳在秦赋《河水》,秦伯赋《六月》,秦、晋两国染濡于诗教之有素,此可征矣。若据《晋语》:秦伯赋《采菽》,公子赋《黍苗》,秦伯又赋《鸿飞》,然后公子赋《河水》,秦伯赋《六月》,较之左氏所载,益见美富。可知当时秦、晋赋诗,其事照映于一世,传诵于后代,故为秉笔之士所乐于称道记述也。而秦风又皆国君之事,无闾巷之风;《黄鸟》之咏,明见于《左传》。此皆秦人浸淫于西周诗教之证。余则桧灭于郑,曹近于卫,桧、曹犹郑、卫之附庸也。凡此诸邦,苟其有诗,其言皆雅言,其乐亦雅乐也。此皆西周雅、颂之遗声,支流与裔,生于一本,实亦无以见其有所大相异。故余谓风亦犹雅,无大区别也。

十二国风中，惟陈较特出。陈乃舜后，列于三恪，似与周之风教，稍见阔隔，不能如上举卫、王诸风关系之密切。《汉书·地理志》：周武王封舜后妫满于陈，是为胡公，妻以元女大姬。妇人尊贵，好祭祀、用史巫，故其俗巫鬼。陈诗曰：坎其击鼓，宛丘之下。无冬无夏，值其鹭羽。又曰：东门之枌，宛丘之栩，子仲之子，婆娑其下。此其风也。郑氏《诗谱》亦谓大姬好巫觋歌舞，民俗化之。昔人讥其说，谓文王后妃之德，化及南国，大姬亲孙女，乃开陈地数百年澉习乎。因怪朱子喜辟汉儒，而于此独加信用。窃谓盖陈俗自如此，而说《诗》者妄以归之大姬也。盖陈在南方，其民信巫鬼，好户外歌舞，多咏男女之事；与二南地望，分系淮、汉，以较河域诸夏，其风俗自为相近。昔周公之所以特取于二南之歌以为风诗者，正以其民俗好音乐、擅歌舞，多男女情悦之辞，故采取以为乡乐之用。此十二国风中之陈，论其渊源，独与二南最为亲接。又下乃有屈原之《楚辞》，其地望亦与二南为近。郑樵谓江汉之间，二南之地，《诗》之所起在此，屈、宋多生江汉，其说是也，余别有《楚辞地理考》详论之。今试尚论当时之风俗才性，西人所长在实际之政教，而文学风情，则得于南方之启瀹者为多。故十二国风中有陈，其事显为突出，其所咏固是南方之风土习俗；至其雅化而有诗，则或是由大姬之故。至于其他诸国无诗，则以其被受西周之文教本不深，固不为王朝采诗之官足迹所未到也。

本此推论，知十二国风，其轻灵者远承二南，庄重者遥师雅、颂，皆自西周一脉相传而下。惟其由颂而雅、而风，乃递降而愈下、而益分。国风之作者，殆甚多仍是列国之卿大夫，薰陶于西周之文教传统者犹深，其诗之创作与流行，仍多在上不在下，实不如朱子所想像，谓其多来自民间也。

然则十二国风何不即止于陈，而顾以桧与曹承其后。窃谓宋儒之说于此或有可取。朱子《诗集传》引程子曰：《易·剥》之为卦，诸阳消剥已尽，独有上九一爻尚存，如硕大之果不见食，将有复生之理。阳无可尽，变于上则生于下。《诗·匪风》、《下泉》，所以居变风之终也。又引陈傅良之言曰：桧亡东周之始，曹亡春秋之终，圣人于变风之极，系之以思治之诗，以示循环之理，以言乱之可治，变之可正也。窃意桧之风凡四篇，终以《匪风》，其诗曰：谁将西归，怀之好音；盖伤王室之不复西也。此与王风首《黍离》，盖皆闵周室之颠覆也。曹风亦四篇，终以《下泉》，其诗曰：忾我寤叹，念彼周京。又曰：四国有王，郇伯劳之。此亦言王室之陵夷，而并伤霸业之不振也。盖王室之东，所以有国风；而霸业之不振，斯国风亦将熄。宋儒以乱极思治说之，殆非无理。今虽不知究是何人定此十二国风之次序，要之以桧、曹、《匪风》、《下泉》之诗终，则宜非无意而然。而观于《匪风》、《下泉》之诗，亦可见风诗之多出于当时列国君卿大夫士之手，仍多与当时政事有关。固不当谓风诗乃小夫贱隶、妇人女子之言，如郑樵氏之说。而近人又轻以民间歌辞说之，则更见其无当也。

（一二）诗序

继此乃可论《诗序》之可信与不可信。夫四家说《诗》，已各不同，毛氏一家之《序》，岂可尽信，然亦有不可尽弃不信者。盖

《诗》必出于有关系而作,此大体可信者。惟年远代湮,每一诗必求其关系之云何,则难免于尽信。朱子《诗集传》一意摆脱毛《序》,亦所谓齐固失之,楚亦未得也。马端临非之,其说曰:《书序》可废,而《诗序》不可废。雅、颂之《序》可废,而十五国风之《序》不可废。盖风之为体,比兴之辞多于叙述,风谕之意浮于指斥。有反复咏叹,联章累句,而无一言叙作之之意者。《黍离》之《序》,以为闵周室宫庙之颠覆,而其诗语不过慨叹禾黍之苗穗而已。此诗之不言所作,而赖《序》以明者也。今以文公《诗传》考之,其指以为男女淫佚奔诱而自作诗以序其事者,凡二十有四。如《桑中》、《东门之墠》、《溱洧》、《东方之日》、《东门之池》、《东门之杨》、《月出》,《序》以为刺淫,而朱公以为淫者所自作。如《静女》、《木瓜》、《采葛》、《丘中有麻》、《将仲子》、《遵大路》、《有女同车》、《山有扶苏》、《蘀兮》、《狡童》、《褰裳》、《丰》、《风雨》、《子衿》、《扬之水》、《出其东门》、《野有蔓草》,《序》本别指他事,而文公亦以为淫者所自作。孔子曰:思无邪。如文公之说,则虽诗辞之正者,亦必以邪视之。如《木瓜》,《序》以为美齐桓,《采葛》为惧谗,《遵大路》、《风雨》为思君子,《褰裳》为思见正,《子衿》为刺学校废,《扬之水》为闵无臣,而文公俱指为淫奔谑浪要约赠答之辞。《左传》载列国聘享赋诗,固多断章取义,然其大不伦者,亦以来讥诮。如郑伯有赋《鹑之奔奔》,楚令尹子围赋《大明》,及穆叔不拜《肆夏》,宁武子不拜《彤弓》之类是也。然郑伯如晋,子展赋《将仲子》。郑伯享赵孟,子太叔赋《野有蔓草》。郑六卿饯韩宣子,子齹赋《野有蔓草》,子太叔赋《褰裳》,子游赋《风雨》,子旗赋《有女同车》,子柳赋《萚兮》,此六诗,皆文公所斥以为淫奔之人所作。然赋之者见善于叔向、赵武、韩起,不闻被讥。乃知郑、卫之诗,未尝不施于燕享;而此六诗之旨意训诂,不当如文公之说也。

今按马氏之说,事证明晰,殆难否认。方玉润《诗经原始》,谓郑风大抵皆君臣朋友师弟子夫妇互相思慕之辞。其类淫诗者,仅《将仲子》及《溱洧》两篇。然《将仲子》乃寓言,非真情,即使其真,亦为贞女谢男之辞。《溱洧》则刺淫,非淫者自作。又曰:邶诗皆忠臣智士孝子良朋弃妇义弟之所为,中间淫乱之诗,仅《静女》、《新台》二篇,又刺淫之作,非淫奔者比。又曰:卫诗十篇,无一淫者。今按:《史记·乐书》云:雅、颂之音理而民正,郑、卫之曲动而心淫;雅颂、郑卫淫正之辨,其来久矣。《论语》不云乎,放郑声、郑声淫。然不当疑郑风乃淫诗,并以为即淫者所自作。惟《论语》载孔子说《诗》:岂不尔思,室是远尔,而曰不思而已矣,夫何远之有。此实千古说《诗》之最得诗人意趣者。所以曰:《诗三百》,一言蔽之,曰思无邪。若如马氏意,必谓三百首诗无一句一字不出于正思,此亦恐非孔子之本意。而朱子必断以为淫诗,又断以为女悦男之言,则其误显然,诚宜如马氏之讥。盖朱子之误,亦误于相传采诗之官之说而来。而于孔《疏》所谓诗人览一国之意以为己心,故一国之事系此一人使言之;如此晓畅正大之说,反蔑弃而不用,此诚大贤用心亦复有失,不能复为之讳也。

然则《诗三百》,彻头彻尾皆成于当时之贵族阶层。先在中央王室,流衍而及于列国君卿大夫之手。又其诗多于当时之政治场合中有其实际之应用。虽因于世运之隆污,政局之治乱,而其诗之内容与风格,有不免随之而为变者;然要之《诗》之与政,双方有其不可分离之关系。故《诗三百》在当时,被目为王官之学;其传及后世,被列为五经之一,其主要意义乃在此。此则无论如何,所不当漫忽或否认之一重要事实也。

(一三)孔门之诗教

《诗》之与政,既有如此密切之关系,故在当时,政治之情势变,而《诗》之内容及其使用之途径与方式亦随而变。此为周代历史上一至明显之事实。下逮春秋中叶,政治情势已与西周初年《诗》方兴时大不同;而《诗》之为变之途径,亦不得不穷;而其时则《诗三百》之结集亦告完成,《诗》之发展遂以停止。此下儒家崛起,孔门教学以《诗》、《书》为两大要典。然孔子论《诗》,实亦多非《诗》初兴时周公创作之本义所在。孔子虽甚重礼乐,极推周公;然周公在西周初年制礼作乐时之情势,至孔子时已全不存在。故孔子虽言自卫反鲁而乐正,雅、颂各得其所;然孔子亦随于时宜,固不见有主张恢复周公时雅、颂使用之真实意想。仅曰:诵《诗三百》,授之以政,不达。使于四方,不能专对。虽多,亦奚以为?如是而已。是孔子之于《诗》,其备见于《论语》者,亦仅就春秋中期以下之实际情况,求其当时普通可行用者而言。至于西周初叶,周公创为雅、颂之一番特殊情势与特殊意义,转不见孔子对之特有所阐述。惟孔子平时则必称道及此,故使后儒有所承述,此就前引汉儒之说而可证。而孔子论《诗》之主要用意则已不在此。《论语》编者记孔子之言,亦以有关于孔子之一家言为主。若孔子述古之语,则转付阙如。岂有孔子平日教其弟子,乃尽于《论语》所见云云,而更无一语及于古史陈迹之阐释乎?故知后来如庄周之徒,讥评孔门设教,乃谓其仅知先王之陈迹,而不知其所以迹,其说亦荒唐而不实也。

《论语》记孔子教其子伯鱼,亦仅曰:不学《诗》,无以言。又曰:不为周南、召南,犹正墙面而立。可见孔子论《诗》,与周公之创作雅、颂,用意已远有距离。毋宁孔子之于《诗》,重视其对于私人诮德心性之修养,乃更重于其在政治上之实际使用。故曰:小子何莫学于《诗》,《诗》可以兴、可以观、可以群、可以怨,迩之事父,远之事君,多识于鸟兽草木之名。又曰:兴于诗,立于礼,成于乐。又曰:《诗三百》,一言以蔽之曰:思无邪。又曰:《关雎》乐而不淫,哀而不伤。凡孔门论《诗》要旨,毕具于此矣。故《诗》至于孔门,遂成为教育工具,而非政治工具。至少其教育的意义与价值更超于政治的意义与价值之上。此一变迁,亦论《诗》者所不可不知也。

至于就文学立场论《诗》,其事更远起在后。即如屈原之创为《离骚》,其动机亦起于政治。屈原之有作,乃一本于其忠君爱国之心之诚之有所不得已,犹不失小雅怨刺遗风。在屈子心中,亦何尝自居如后世一文人,既不得意于政,乃求以文自见乎?纯文学观念之兴起,其事远在后。故谓《诗经》乃一文学总集,此仍属后世人观念,古人决无此想法也。

然《诗经》终不失为中国最早一部文学书,不仅在文学史上有其不可否认之地位;抑且《诗经》本身之文学价值,亦将永不磨灭,永受后人之崇重。则因《诗三百》,本都是一种甚深美之文学作品也。惟周公运使此种深美之文学作品于政治,孔子又转用之于教育,遂使后人不敢仅以文学目《诗经》。抑且循此以下,纵使其被认为乃一项极精美之文学作品,亦必仍求其能与政教有关,亦必仍求其能对政教有用。此一要求,遂成为此下中国文学史上一传统观念。而此项观念,则正是汲源于《诗三百》。知乎此,则无怪《诗经》之永为后代文人所仰慕师法,而奉以为历久不祧之文学鼻祖矣。

(一四) 赋比兴

今欲进而探求《诗经》之文学价值,则请就《诗》之赋、比、兴三义而试略加阐述之。赋、比、兴之说,亦始见于《周官》,《周官》以风、赋、比、兴、雅、颂为六诗。毛《传》本之,曰:《诗》有正义焉,一曰风、二曰赋、三曰比、四曰兴、五曰雅、六曰颂。孔颖达《正义》云:风、雅、颂者,诗篇之异体;赋、比、兴者,诗文之异辞。赋、比、兴是《诗》之所用,风、雅、颂是《诗》之成形。用彼三事,成此三事,故同称为义。又曰:六义次第如此者,以《诗》之四始,以风为先,风之所用,以赋、比、兴为之辞。故于风之下即次赋、比、兴,然后次以雅、颂。雅、颂亦以赋、比、兴为之。既见赋、比、兴于风之下,明雅、颂亦同之。后人同遵其说,成伯玙《毛诗指说》云:赋、比、兴是诗人制作之情,风、雅、颂是诗人所歌之用。即犹孔《疏》之说也。

至论赋、比、兴三者之辨,郑氏曰:赋之言铺,直铺陈今之政教善恶。比,见今之失,不敢斥言,取此类以言之。兴,见今之美,嫌于媚谀,取善事以喻劝之。孔氏云:比云见今之失,取比类以言之,谓刺诗之比也。兴云见今之美,取善事以劝之,谓美诗之兴也。其实美刺俱有比兴。又曰:《诗》皆用之于乐,言之者无罪。赋则直陈其事。于比、兴云不敢斥言,嫌于媚谀者,据其辞不指斥,若有嫌惧之意。其实作文之体,理自当然,非有所嫌惧也。

今按:《周官》言六诗,毛《传》言六义,甚滋后儒聚讼,今惟当一本孔氏《正义》之说以为定。盖《诗》自分风、雅、颂三体,而诗人之用辞以达其作诗之旨意,则又可分赋、比、兴三类以为说也。《诗》之初兴,惟有雅、颂,体本近史;自今言之,此即中国古代一种史诗也。欲知西周一代之史迹,惟有求之西周一代之诗篇,诗即史也。故知诗体本宜以赋为主,而时亦兼用比兴者,孔氏曰:作文之体理自当尔,此言精美,可谓妙达诗人之意矣。盖诗人之不仅直叙其事,而必以比兴达之,此乃一种文学上之要求;而《诗三百》之所以得成其为中国古代最深美之文学作品者,亦正为其能用比兴以遣辞。故孔氏谓作文之体,理自当尔,乃弥见其涵义深允也。成伯玙云:赋、比、兴是诗人制作之情,风、雅、颂是诗人所歌之用。盖必有得于诗人制作之情,乃始可以悟及于作文之体理自当尔之深意也。

《诗》为中国远古文学之鼻祖,其妙在能用比兴;而此后中国文学继起之妙者,亦莫不善用比兴;此义后人发挥之者甚多。即如朱子《楚辞集注》亦曰:楚人之词,其寓情草木,托意男女,以极游观之适者,变风之流也。其叙事陈情,感今怀古,以不忘乎君臣之义者,变雅之类也。其语祀神歌舞之盛,则几乎颂,而其变也又有甚焉。其为赋,则如《骚经》首章之云也。比则香草器物之类也。兴则托物兴词,初不取义,如《九歌》沅芷澧兰,以兴思公子而未敢言之属也。朱子指陈《楚辞》之继承《诗经》,正在其善用比兴,可谓妙得文心矣。继此以往,唐诗宋词,苟其得臻于中国文学之上乘、得列为中国文学之正宗者,几乎无不善用比兴,几乎无不妙得《诗三百》所用比兴之深情密旨;此事知者已多,可无论矣。抑且不仅于韵文为然,即就中国此下之散文史论,凡散文作品之获成为文学正宗与上乘者,亦莫不用比兴。举其例尤显著者,如庄周寓言,其外貌近赋,其内情亦比兴也。朱子所谓几乎颂而其变又有甚焉者,惟庄周之书最能跻此境界。盖周书之寓言,其体则史,其用则诗,其辞若赋之直铺,而其意则莫非比兴之别有所指也。

循庄周之书而上推之,即孔子《论语》,其文情之妙者,亦莫不用比兴。即如岁寒然后知松柏之后凋;子在川上,曰:逝者如斯夫,不舍昼夜;此亦用比兴,故皆有诗意。读者循此求之,《论语》遣辞之善用比兴处,实有不胜枚举者。凡此后中国散文,其获臻于上乘之作,为人视奉为文章正宗者,实亦莫不有诗意;亦莫非由于善用比兴而获跻此境界也。

郑氏言比兴,误在于每诗言之。如指某诗为赋、某诗为比是也。如此则将见诗之为兴者特少。郑氏似不知赋、比、兴之用法,即在诗句中亦随处可见,当逐句说之,不必定举诗之一首而总说之也。每一诗中,苟其不用比兴,则几乎不能成诗,亦可谓凡诗则莫不有比兴。盖每一诗皆赋也,不仅叙事是赋,言志亦是赋。而每诗于其所赋中,则莫不用比兴。此孔《疏》所谓作文之体理自当尔,所以为特出之卓见也。

昔人曾举《诗三百》中最妙者,谓莫如昔我往矣,杨柳依依,今我来思,雨雪霏霏之句。此两句显然是赋,然亦用比兴。杨柳之依依,雨雪之霏霏,则莫非借以比兴征人之心情也。抑且往则杨柳依依,来而雨雪霏霏;一往一来,风景悬隔,时光不留,岁月变异,则亦莫非比兴征人之心情也。若作诗者仅以直铺之赋言之,何不曰:昔我之往,时在初春,今我之来,已届深冬乎。然如此而情味索然矣。故无往而不见有比兴者,诗也。又何可强作三分以为说乎?

至论比、兴二者之分别,昔人亦多争议。朱子曰:《诗》中说兴处多近比,如《关雎》、《麟趾》皆是兴而兼比,然虽近比,其体却只是兴。盖朱子之意,谓若逐句看之,则关关雎鸠是比,麟之趾亦是比。若通其诗之全篇观之,则又是兴也。今按《淮南子》、《关雎》兴于鸟而君子美之,取其雌雄之不乘居也。《鹿鸣》兴于兽而君子大之,取其得食而相呼也。此与朱子说可相通。而宋儒胡致堂极称河南李仲蒙之说,谓其分赋、比、兴三义最善。其言曰:叙物以言情谓之赋,情尽物也。索物以托情谓之比,情附物者也。触物以起情谓之兴,物动情者也。故物有刚柔缓急荣悴得失之不齐,则诗人之情性亦各有所寓。非先辨乎物,则不足以考情性。情性可考,然后可以明礼义而观乎诗矣。窃谓此说尤可贵者,乃在不失中国传统以性情说诗之要旨。可与上引成伯玙说谓赋、比、兴是诗人制作之情者相发明。亦正以诗人之作,可以得人性情之真之正,故周公创以用之于政治,孔子转以用之于教育,而皆收莫大之效也。

然诗人之言性情，不直白言之，而必托于物起于物而言之者，此中尤有深义。窃谓《诗三百》之善用比兴，正见中国古人性情之温柔敦厚。凡后人所谓万物一体、天人相应、民胞物与诸观念，为儒家所郑重阐发者，其实在古诗人之比兴中，早已透露其端倪矣。故《中庸》曰：鸢飞戾天，鱼跃于渊，君子之道察乎天地。此见人心广大，俯仰皆是。诗情即哲理之所本，人心即天意之所在。《论语》孔子曰：知者乐水，仁者乐山。此已明白开示艺术与道德，人文与自然最高合一之妙趣矣。下至佛家禅宗亦云：青青翠竹，郁郁黄花，尽见佛性；是亦此种心情之一脉相承而来者。而在古代思想中，道家有庄周，儒家有《易》，其所陈精义，尤多从观物比兴来。故知《诗三百》之多用比兴，正见中国人心智中蕴此妙趣，有其甚深之根柢。故凡周情孔思，见为深切之至而又自然之至者；凡其所陈，亦可谓皆从观物比兴来。故比兴之义之在《诗》，抑不仅在《诗》，实当十分重视，尚不止如孔颖达所谓作文之体理自当尔而已也。

故赋、比、兴三者，实不仅是作诗之方法，而乃诗人本领之根源所在也。此三者中，尤以兴为要。古人云：登高能赋，乃为大夫；盖登高必当有所兴，有所兴，自当即所兴以为比而赋之。《周官》六诗之说，本不可为典要；其说殆自孔子言诗可以兴，可以观而来。盖观于物，始有兴。诗人有作，皆观于物而起兴。而读诗者又因于诗人之所观所赋而别有所兴焉，此诗教之所以为深至也。《易大传》又有云：古者庖牺氏之王天下也，仰则观象于天，俯则观法于地，观鸟兽之文与地之宜；近取诸身，远取诸物，于是始作八卦，以通神明之德，以类万物之情。《易传》虽言哲理,然此实一种诗人之心智性情也。类万物之情者即比,而通神明之德者则兴也。学于《诗》而能观能兴,此《诗》之启发人之性灵者所以为深至,而孔子之言,所以尤为抉发《诗三百》之最精义之深处所在。故《诗》之在六籍中,不仅与《书》、《礼》通,亦复与《易》、《春秋》相通。后世集部,宜乎难超其范围耳。

(一五) 淫奔诗与民间诗

既明于《诗》之赋、比、兴之义,则朱子以国风郑、卫之诗为多男女淫奔之辞,并谓此等淫奔之辞,多不出于男子之口,而出于女子之口者,其误自不待辨。盖朱子误以比兴为直铺之赋,则宜其有此疑也。皮锡瑞《诗经通论》论此极允惬,其言曰:朱子以《诗》之六义说楚词,以托意男女为变风之流,沅芷澧兰、思公子而未敢言为兴。其于楚词之托男女近于亵狎而不庄者,未尝以男女淫邪解之。何独于风诗之托男女近于亵狎而不庄者,必尽以男女淫邪解之乎?后世诗人得风人之遗者,非止楚词。汉唐诸家近于比兴者,陈沆《诗比兴笺》已发明之。初唐四子托于男女者,何景明《明月篇序》已显白之。古诗如傅毅《孤竹》、张衡《同声》、繁钦《同情》、曹植《美女》,虽未知其于君臣朋友何所寄托,要之必非实言男女。唐诗如张籍"君知妾有夫"一篇,乃在幕中却李师道聘作,托于节妇而非节妇。朱庆余"洞房昨夜停红烛"一篇,乃登第后谢荐举作,托于新嫁娘而非新嫁娘。即如李商隐之《无题》,韩偓之《香奁》,解者亦以为感慨身世,非言闺房。以及唐宋诗余,温飞卿之《菩萨蛮》,感士不遇。韦庄之

《菩萨蛮》，留蜀思唐。冯延己之《蝶恋花》，忠爱缠绵。欧阳修之《蝶恋花》为韩、范作，张惠言《词选》已明释之。此皆词近闺房，实非男女；言在此而意在彼，可谓之接迹风人者。不疑此而反疑风人，岂非不知类乎？

皮氏此论，可谓深允。《吕氏春秋》晋人欲攻郑，令叔向聘焉。子产为之诗曰：子惠思我，褰裳涉洧。子不我思，岂无他士。《左》昭十六年，饯韩宣子，子太叔赋《褰裳》。宣子曰：起在此，敢勤子至于他人。《褰裳》之诗，未必果是子产作。然比兴之义，明白如此，又宁可必信朱子之所谓乃淫女之语其所私乎？惟皮氏又引《汉书·食货志》，谓男女有不得其所者，因相与歌咏，各言其伤，孟春之月，群居者将散，行人振木铎徇于路以采诗，献之大师，比其音律，以闻于天子。又引何休《公羊解诂》，曰：男女有所怨恨，相从而歌，饥者歌其食，劳者歌其事。男年六十，女年五十，无子者，官衣食之，使之民间求诗。乡移于邑，邑移于国，国以闻之天子。因谓据此二说，则国风实有民间男女之作。采诗之说，已辨在前。班、何晚在东京之世，益出《左传》、《王制》后其远。彼自以汉之乐府采自民间而移以说国风，其误不烦再辨。今皮氏谓作者为民间男女，而其怨刺者不必皆男女淫邪之事；则又是另一种勉强游移之说，仍不可以不辨也。

盖二南之与豳，其成诗远在《诗经》结集之第一期。今所收二南之诗共二十五篇，其间容有采自江汉南国之民间歌谣，而由西周王朝卿士制为诗篇播之弦乐者；其时亦容可有采诗之事，而非遽有采诗之官之制度之设立。至于其他十二国风，其诗篇多半已入《春秋》，晚在《诗经》结集之第三期。即谓西周一代曾有采诗之官之制度,下逮平王东迁,此项制度殆已不复存在。其时则王朝之尊严已失,断不能再有以闻于天子之约束存在。故知班、何之说,出之传说想像,未可据以为在当时实有此制度也。

且纵退而言之,即谓十二国风中,其诗亦有出自民间者,此亦当下至于当时士之一阶层而止。当春秋时,列国均已有士阶层之兴起,此一阶层实是上附于卿大夫贵族阶层,而非下属于民间庶人阶层者。今《诗》之编集,既明称之曰国风,显与民间歌谣有别,故谓此等诗篇,纵有出之当时士阶层之手,亦不得便谓出自民间。况其所歌咏,本不为男女淫邪之事,而别有其所怨刺乎。故知近人盛称郑樵、朱熹,必以后起民间文学观念说《诗》,实多见其扞格而难通也。

然则《诗经》三百首,虽其结集时期有不同,虽国风起于春秋,其性质与西周初年之雅、颂有别,要之同为出于其时王朝与列国卿大夫之手,最下当止于士之一阶层。要之为当时社会上层之产物,与当时政府有关,不得以民间歌谣与近人所谓平民文学之观念相比附,此则断断然者。尚论中国文学史之起源,此一特殊之点,尤当深切注意,不可忽也。

今再证之于《左传》,如僖二十八年,听舆人之诵曰:原田每每,舍其旧而新是谋。襄三十年,舆人诵之曰:取我衣冠而褚之,取我田畴而伍之,孰杀子产,吾其与之。及三年,又诵之曰:我有子弟,子产诲之;我有田畴,子产殖之;子产而死,谁其嗣之。此皆出舆人,《传》文仅称曰诵,不言赋诗也。又如宣二年,城者讴曰:睅其目,皤其腹,弃甲而复。于思于思,弃甲复来。襄十七年,筑者讴曰:泽门之皙,实兴我役;邑中之黔,实慰我心。此则仅称讴,亦不言赋诗。此即前引孔颖达所谓讴歌与诗咏之辨也。又如隐元年,公入而赋,大隧之中,其乐也融融。姜出而赋,大隧之外,其乐也泄泄。僖五年,退而赋曰:狐裘龙茸,一国三公,吾谁适从。此则明出乎君后卿臣当时贵族阶级之口,然《传》文亦仅称曰赋,不遽以为所赋之是诗。必如卫人赋《硕人》,郑人赋《清人》之例,其所赋乃始列入今《诗》三百首之列。而如上引舆人之诵,城筑人之讴,与夫郑伯母子与晋士蒍之所赋,虽见于《传》文,固未尝得入《诗三百》之列。又旁证之于《国语》,《晋语》有优施之歌,又惠公时有舆人之诵,又有国人之诵,当时又有童谣,如檿弧箕服,丙之晨,鹡鸰来巢;其辞皆备载于内外《传》,然皆不目为诗,不入于《诗三百》之数。纵使其辞亦复经人之润饰,然在当时不以入于诗列,则其事显然。论《诗》者试就此思之,自知当时所得目之为《诗》者,固自有其绳尺、标准,不得径与里巷歌谣,甚至男女淫奔,随口吟呼,一概而等视之。此又不可不为之郑重辨别也。

(一六) 中国文学史上之雅俗问题

何以于此必郑重而辨别之,盖又连带涉及另一问题,此即以下中国文学史上极有影响之所谓雅俗问题是也。刘向《说苑》:鄂君泛舟于新波之中,榜枻越人拥楫而歌。歌辞曰:滥兮抃草,滥予昌枑,泽予昌州,州䇶州焉乎,秦胥胥缦予乎,昭澶秦逾,渗惿随河湖。鄂君曰:吾不知越歌,子试为我楚说之。于是乃召越译,乃楚说之。曰:今夕何夕兮,搴中洲流。今日何日兮,得与王子同舟。蒙羞被好兮,不訾诟耻。心几顽而不绝兮,知得王子。山有木兮木有枝,心说君兮君不知。于是鄂君乃揄修袂,行而拥之,举绣被而覆之。《说苑》此一故事,厥为中国文学史上所谓雅俗问题一最基本、最适切之说明。方西周初兴,封建一统的新王朝虽创立,而因疆境之辽阔,其各地方言,纷歧隔绝之情状,殆难想像。所赖以为当时政教统一之助者,惟文字之力为大。而周公又凭借于渗透以音乐歌唱而为文字之传播。故西周初年《诗》之为用,不论在当时政治上,乃至在此下中国文化历史上,其影响所及,皆远较其同时存在之《书》之功用为尤深宏而广大。故纵谓中国五经,其影响后世最大者,当首推《诗经》,此语亦决不为过。惟既谓之《诗》,则自当与讴歌有分别,上引孔颖达《疏》已言之。即就《关雎》二南言,江汉之区,固可谓是中国古代诗篇之最先发源地区或活跃地区,然周、召之取风焉以为二南之诗者,固不仅采其声歌,尤必改铸其文辞。今传二南二十五篇,或部分酌取南人之歌意,或部分全袭南人之歌句;然至少必经一番文字雅译工夫,然后乃能获得当时全国各地之普遍共喻,而后始具有文学的价值。此则一经思索,即可想像得之。故今人所谓民间歌或俗文学等新观念,在近人论文学,固不妨高抬其声价,以为惟此乃为文学之真源。然如《说苑》所举,此榜枻越人之拥楫而歌,歌辞纵妙,苟非越译而楚说之,试问又何能入鄂君之心而获其共喻耶。实则如今夕何夕云云,所谓楚说之者,已是一种雅译;不仅楚人喻之,即凡属雅歌诗所传播之区域,亦无不喻。即如屈原《楚辞》,虽篇中多用楚语,其实亦已雅化,故能成为中国文学史上之一伟大作品。若使西周以来数百年间,楚人不被雅化，仍以俗讴自闭，则屈原之所为，亦仅以楚人作楚歌，亦将如此榜枻越人然。土音俗讴，终限于地方性，决不能广播及于他方；更何论传之后世之久远。《诗三百》之产生，距今已逾两千五百年乃至三千年之久；然使近代一初中小学生，粗识文字，此三百首中为彼所能晓喻者，殆亦不少。如云：一日不见，如三秋兮。如云：有子七人，莫慰母心。如云：日之夕矣，牛羊下来。如云：硕鼠硕鼠，毋食我黍。一部《诗经》中，此类不胜枚举；岂非如今一小学生，只略识文字，一经指点，便可了然乎？此三百首诗句之所以能平易明白如此，则正为有文字之雅化，而仍滋今人之误会，乃谓此皆当时之民歌耳，此皆当时流行各地之一套通俗歌辞耳；不悟若不经文字雅化工夫，各地民歌，即限于各地之地方性，何能臻此平易明白。《说苑》所举越人之歌，正是一好例。乃近人妄谓此等诗句，即是古人之白话诗。若果如此，《尔雅》一书便可不作，扬子云《方言》之类，尽属无聊。各地白话，便已是文学上乘，而文字雅化，转成缚障；苟稍治中国文学与中国史者，岂肯承认此说乎？

即在中国之古代，语言文字，早已分途；语言附着于土俗，文字方臻于大雅。文学作品，则必仗雅化之文字为媒介、为工具，断无即凭语言可以直接成为文学之事。如必谓古诗即当时之社会民歌，民间俗曲，则如关关雎鸠，在河之洲；此一洲字，究是文字，抑语言乎？纵谓此洲字乃本当时南国土语，然在后世，此一土语，亦久已失传，故毛氏之《传》曰：水中可居者曰洲。此见在汉时，苟说水中可居，则人人共喻；若只说一洲字，则未必人人能晓，因此必烦为之作注。又如蔽芾甘棠，勿翦勿伐，召伯所茇。

郑《笺》云：芰，草舍也。此一芰字，又岂歌者之土语乎？抑诗人之用字乎？《诗三百》，推此类以求之，其性质亦居可见。又若谓：今时无此语，即此文字已死，已死之文字，即不当再入文学。然则凡求成为文学作品者，岂必皆人人共喻，不须有注而后可乎？则试问今人若再为此二诗，此在河之洲、召伯所芰二语，又当如何改作？若肯经此烹炼，便知苟不雅化，即难成语。即中国今日之语言，亦已久经文字雅化之陶洗而来也。又且古人土语，岂出口尽为四言，整齐划一，如关关雎鸠，在河之洲，窈窕淑女，君子好逑之类乎？又岂古人文字技能之训练，教育程度之普及，远胜后代；而谓此十二国风皆采自民间谁何男女直心出口之所歌乎。故知《诗经》之得为中国文学史上之不祧远祖，永为后人所尊奉，断不可不认必有一番文字雅化之工夫。而近人偏欲以俗文学白话诗说之，一涉雅字，便感蹙额病心、深滋不乐。此后有所谓新文学者我不知，若抱此态度而研治中国已往之文学史，我见其必扞格而难通；即开始对此三百首诗，亦便见其将无法可通也。

在中国亦非无俗文学。惟俗文学之在中国，其发展则较迟、较后起。此乃由于中国文字之独特性、及中国立国形态与其历史传统之独特性，而使中国文学之发展，亦有其独特之途径。抑且中国之有俗文学，在其开始之际，即已孕育于极浓厚之雅文学传统之内，而多吸收有雅文学之旧产。故在中国，乃由雅文学而发展出俗文学者，乃以雅文学为渊源、而以俗文学为分流，乃以雅文学为根干，而以俗文学为枝条者。换言之，在中国后起之方言白话中，早已浸染有不少之雅言成分为其主要之骨干。由文学史之发展言,乃非由白话形成为文言,实乃由文言而形成为白话者。不论今日中国各地之白话,其中包孕有极多之文言成分,即就宋元时代之白话文学言,其中岂非早已包孕有许多自古相传之文言成分乎。由此言之,则在中国文学史上,不仅文言先起,白话晚出;而且文言文学易于推广,因亦易于持久,而白话文学则终以限于地域而转易死亡。故近人读宋元白话作品,反觉艰深难晓;转不如读古诗三百首之更易了解。此岂非关于雅俗得失一至易晓了之明证乎?

(一七) 中国文学上之原始特点

中国文学史上此一特征苟已把握,则知《诗经》三百首,大体乃成于当时之贵族上层,即少数获有文字教育修养者之手。此即荀子所谓:越人安越,楚人安楚,君子安雅。谓之楚人、越人者,指民间言。谓之君子,则指上层贵族士大夫言。而文学必经雅化,必出于上层贵族士大夫君子之手;其事易见,自无可疑。而《诗三百》之所以终为古代王官之学,与实际政治结有不解缘之来历,亦可不烦辨难而论定。中国古代学术,自王官学转而为百家言。故此《诗经》三百首亦自周公之以政治意义为主者,转变至于孔子而遂成为以教育意义为主。此一演变,亦本篇特所发挥。窃谓一经指出,事亦易明,可不烦更有所申述也。

然则中国文学开始,乃由一种实际社会应用之需要而来,乃必与当时之政治教化有关联。此一传统,影响及于后来文学之继起,因此中国文学史上之纯文学观念乃出现特迟。抑且文学正统,必以有关人群、有关政教、有关实际应用与事效者为主;因此凡属如神话、小说、戏剧之类,在中国文学史上均属后起,且均不被目为文学之正统。此乃研治中国文学史者所必需注意之大纲领、大节目,此乃不争之事实。抑且不独文学为然,即艺术与音乐亦莫不然,甚至如哲学思想乃亦复然;一切兴起,皆与民生实用相关。此乃我中华民族历史文化体系如此,固非文学一项为独然也。故凡研治文学史者,必联属于此民族之全史而研治之,必联属于此民族文化之全体系;必于了解此民族之全史进程及其文化之全体系所关而研治之。必求能着眼于此民族全史之文化大体系之特有貌相,与其特有精神,乃可把握此民族之个性与特点,而后对于其全部文学史过程乃能有真知灼见,以确实发挥其独特内在之真相。而岂捃摭其他民族之不同进展,皮毛比附,或为出主入奴之偏见,以轻肆讥弹者之所能胜任乎?

然则《诗三百》虽为中国人历古以来所传诵,虽自古迄今经学诸儒以及诗文词曲诸大家,对此三百首之探讨发掘,已甚精卓。论其著述,汗牛不能载,充栋不能尽。而继今以往,因于新观点而生新问题,赓续钻研,实大有余地可容。本篇所陈,亦仅为之作一种发凡起例而已。粗疏忽略,未精未尽处,则敬以俟诸来者。区区之意,固非于近人论《诗》,好寻瑕衅而多此指摘也。

此稿成于一九六〇年,刊载于
是年八月《新亚学报》五卷一期

《西周书》文体辨

《今文尚书·周书》二十篇，大体皆史官记言之作，偶亦有记事记言错杂相承者，要以记言为主。故历古相传，皆言事为《春秋》，言为《尚书》。大体言之，似古代史体，记言发展在前，记事发展较后，而所谓记言者，亦仅摘要记述当时某人对某事所言之大旨。似乎在史官载笔者之心中，尚未有如后世缀文造论之意想，必将所记之言，修翦镕铸，前后贯串，独立为篇，自成一文。必曰如是为诰，如是为誓，体裁各别。而其先固不如是，记言则仅是记言，此乃古人之朴，文运未兴，篇章之观念，胥有待于后起。则在当时人观念中，尚无有所谓文，更不论有所谓史也。

因此《尚书》记言，多更端别起。虽前后之间，亦自有条贯，然往往将一番话，分作几段说。若以后世文章家目光绳之，实未成为一篇独立完整之文章也。

即如《牧誓》，若用后世文章家所谓誓文之体制观念悬测之，应是武王军于牧野，临战誓众，而特写此一篇誓师文，或宣言书。而《牧誓》本文实不如此。开首云：时甲子昧爽，王朝至于商郊牧野,乃誓。此数语属记事,非誓文。下乃曰:王左杖黄钺,右秉白旄以麾,曰:逖矣西土之人。至此六字,似为誓师文之开场白,此下则应为誓师之全文,而《牧誓》本文顾不然。承之曰"王曰嗟"云云,又继之以"王曰"云云,此显是当时记者摘要记录武王当时誓师之言,而分作两段记录之,并非有意就武王所说,而特为缀成一篇誓师文告也。

故读《尚书·牧誓》者,当知此乃当时史官对武王牧野誓师之一篇记载,而所记则言为主,事为副,并非武王在牧野誓师,先制一篇誓师文而由史官录存之,亦非由史臣于事后代拟此一篇誓师文。此辨极关重要,必明于此,乃可以讨论古代官史之体制也。

其次请言《金縢》。武王有疾,周公欲以身代。开首云:既克商,二年,王有疾,乃叙其事之缘起。史乃册祝曰云云,记周公告神之辞。下自乃卜三龟至王翼日乃瘳,乃记卜吉及武王疾瘳。下自武王既丧以下,记周公避流言居东,及成王迎归之事。则此篇虽以周公有册祝之辞藏于金縢之匮而名篇,然其体制固仍是当时史官之一篇记载。虽篇中记事记言错杂相仍,而要以记言为主。然亦非专限于记录周公此一篇祝文。此则古史体制如是,不当以后人之观念为衡量者。

今考《书序》云:周公作《金縢》,此说已大误。孙星衍《尚书今古文注疏》乃谓:此篇经文当止于王翼日乃瘳,或史臣附记其事,亦止于王亦未敢诮公也。其秋大熟以下,考之《书序》,有成王告周公作《薄姑》,则是其逸文,后人见其词有以启金縢之书,乃以属于《金縢》耳。孙氏此说,实陷于以后代人情事与后代人作文著史之观念逆测前代。不知当西周初年,固尚无如后世某人特作某文之观念与风习也。仅于《诗》或偶有作者姓名之传述,如本篇言公乃为诗以贻王,名之曰《鸱鸮》是也。于《书》则绝无作者主名可以确指。当时史臣记言,亦仅以记言为主,仍非有作为一文之观念存其心中。故知谓周公作《金縢》成王作《薄姑》者,皆误也。魏源《诗古微》乃曰:正风正雅,皆惟召公媲周公,无他人之什,矧周颂乎?故召公以后无颂。此魏氏谓雅颂皆作于周召二公也。今不论其言信否,要之《诗》、《书》为体不同,《诗》可以有作者之主名,而《书》则无之,此所当分别而论也。

其次言《大诰》。周公东征,大诰天下,然此亦非一篇完整之诰文,故开首以王若曰发端,下文连用王曰凡三次,则仍是与《牧誓》同例,亦是史官撮要记录当时此一番言辞而又分作几段叙述之。虽题曰《大诰》,并非一篇诰文,犹之题曰《牧誓》,亦非一篇誓文也。

其次言《康诰》。开首惟三月,哉生魄云云,述缘起也。王若曰以下,乃为诰辞。然此文王若曰一节,继之以王曰呜呼凡四节,又继之以王曰凡五节,又连用王曰呜呼凡两节,又继之以王若曰一节结尾。若以后世文章家体制观念绳律之,则此篇仍只是一种记言之体,仍非一篇诰文。而所谓记言,亦仍是分段记录,将一番话分成几段写,并非有意将别人话代为融铸成篇,如后世记言者之所为也。

又次言《酒诰》。此篇以王若曰发端,下文连用王曰凡四次。则仍与《康诰》同例。

又次言《梓材》。魏源《书古微》论之曰：此篇上半，为君戒臣之词，篇末又为臣诰君之语，首尾不属。因谓《康诰》、《酒诰》、《梓材》三篇同序，且伏生《大传》以《梓材》为命伯禽之书，则《康诰》篇首，乃三篇之总序，故言宏大诰治，非专诰康叔一人也。今王惟曰以下，遂以告诸侯者转告于成王，此乃通《康诰》、《酒诰》三篇而总结之，与《康诰》叙首相为终始。是时，成王立于上，康叔伯禽拜于下，周公立于旁，五服诸侯环而观听者千百计，周公诰康叔伯禽，而普告侯甸男邦采卫，且并诰成王，而当日宏大诰治之谊始著。魏氏此说，根据伏生《尚书大传》，推阐发挥，情景逼真。若其言而信，则《西周书》乃出当时史臣记言，附以记事，正可资以为证矣。

又次言《召诰》。开首惟二月既望，越六日乙未云云，记事述缘起。下文太保入锡周公，曰：拜手稽首云云，为诰辞之发端。而此下呜呼皇天上帝以下，乃屡用呜呼引端。最后又曰拜手稽首曰云云，则全篇仍是一种当时史官记言之体。其用呜呼字，犹如用曰字，《康诰》屡用王曰呜呼字，正可同例视之。此因当时人尚不知连篇累牍融铸成一整篇文字，故逐段以曰字呜呼字更端也。

其次再言《洛诰》。开首周公拜手稽首曰，下继以王拜手稽首曰，再继以周公曰，又公曰，又继以王若曰，又连称三王曰，再继以周公拜手稽首曰，然后再继以戊辰，王在新邑云云，则此篇仍是记事记言错杂相承，仍非一篇独立完整之诰文也。

又次言《多士》。惟三月，周公初于新邑洛，用告商王士，此乃记事，述缘起。下文王若曰以下，应为诰辞，然下文又屡用王若曰一次,又用王曰四次,则仍是记言,非诰文。又仍是分段记言,非有意将所记之言,融铸成一整篇文字也。

次言《无逸》。此篇自首迄尾,乃周公戒成王语。孔颖达《正义》云:周公作书以戒成王,使无逸。蔡沈《集传》云:成王初政,周公作是书以训之。则后人皆谓此篇乃周公作。然读《无逸》本文,开首周公曰,呜呼,则仍是史官记周公言。若周公自作书戒成王,岂有自称周公曰,又先自用呜呼字作叹息开端之理。此文下凡六用周公曰呜呼字,蔡沈曰:是篇凡七更端,周公皆以呜呼发之,深嗟永叹,其意深远矣。此仍以后世文章家观念推说古书,谓周公如此作文,用意深远,其然,岂其然乎?

又次言《君奭》。此篇以周公若曰开首,次用呜呼字,又次用公曰凡五次,又用呜呼字,又用公曰凡两次。则仍是记言之体。孔颖达《正义》谓史叙其事作《君奭》之篇是也。

又次言《多方》。开首惟五月,丁亥,王来自奄,记事,述缘起。下文周公曰,王若曰,是周公以王命告四方也。然下文又连用呜呼王若曰一次,王曰呜呼二次,王曰又曰各一次。孔颖达《正义》曰:王诰已终,又起别端,故更称王,又复言曰,以序云成王在丰诰庶邦,则此篇是王亲诰之辞,又称王曰者是也。其有周公称王告者,则上云周公曰王若曰是也。又曰呜呼王若曰是也。顾氏云:又曰者,是王又复言曰也。是孔氏认此篇有周公代成王诰之辞,又有成王亲诰之辞,其实未然也。蔡沈《集传》引吕氏曰:又曰二字,所以形容周公之惓惓斯民,会已毕而犹有余情,诰已终而犹有余语,顾盼之光,犹晔然溢于简册,斯得之矣。

蔡《传》又引吕氏曰:先曰周公曰,而复曰王曰者,明周公传王命,而非周公之命也。周公之命诰,终于此篇,故发例于此,以见《大诰》诸篇,凡称王曰者,无非周公传成王之命也。又鸣呼王若曰,吕氏说之曰,周公先自叹息,而始宣布成王之诰告,以见周公未尝称王也。此篇之始,周公曰王若曰,复语相承,《书》无此体也。至于此章,先鸣呼而后王若曰,《书》亦无此体也。周公居圣人之变,史官豫忧来世传疑袭误,盖有窃之为口实矣。故于周公诰命终篇,发新例二,著周公实未尝称王,所以别嫌明微,而谨万世之防也。今按:孙星衍《尚书今古文注疏》云:《大诰》王若曰,郑谓王即周公,今此以周公冠成王之上,与摄政前之《大诰》异,与归政后之《多士》同,此凯还作诰,当称王命,而其词实出周公,故书法如此。今按:宋儒必辨周公未尝摄政称王,此层暂可不论。而要之《尚书》诰命,皆当时史臣记载一时朝会之言,则蔡引吕氏之说,实最得《尚书》文体之真相。至鸣呼王若曰之语,正见古人记事行文之朴,抑使三千年后人读之,当时声情活现纸上,是已可值欣赏矣。若必谓当时史臣寓有别嫌明微之深意,则未免曲说深解,未可为信耳。

又次言《立政》。此篇以周公若曰开首,下用周公曰鸣呼一次,续用鸣呼字四次,又用周公若曰结尾。蔡沈曰:此篇周公所作,而记之者周史也。夫既曰记之者周史,何以又谓周公所作乎?若曰《论语》孔子所作,而其门弟子记之,可乎?此仍是以后世文章必具著作人之主名之观念绳古人,则宜其无当矣。然诚使无孔子,又何来有《论语》?故自战国末季吕氏宾客著书,迄于汉亡,如荀慈明之徒,亦即以大雅述文王为周公诗。盖此乃周公之制作,此犹谓孔子作《春秋》,却仍不得与后世文章著作相提并论。抑且雅颂可以谓周公召公作,而仍不得谓某诰某书由周公召公作,此又是《诗》、《书》体制有辨,不得不分别也。

次言《顾命》、《康王之诰》。此亦记事记言错杂相承,而以记言为主也。所以谓其以记言为主者,即据题而可见。惟《顾命》之篇,多陈丧礼,刘知幾谓其为例不纯。刘氏之言是也。《西周书》实皆以记言为主,附以记事。惟记礼复与记事有辨。或《顾命》时代较后,文体已略有变,此后凡记礼者亦称书,其或于此为权舆乎。今已无可详论。要之《尚书》主记言,则无可疑者。

又次言《吕刑》。开首惟吕命,王享国百年,耄荒,此记事述缘起。下以王曰发端,又续用王曰嗟,王曰呜呼,王曰吁,王曰呜呼,凡四更端,又续用王曰呜呼作结。

又次言《文侯之命》。以王若曰开端,其下用呜呼字,又用曰字,复用呜呼字,再用王曰字,则此篇仍是史臣记言之体也。若曰王作策书命文侯,而史录为篇,则径依命辞录而存之可矣,岂当时所谓命辞者,即作王若曰王曰云云耶?则此等命辞,实亦是一种史官之记录,故即以第三者口吻出之也。

又按:《文侯之命》,据司马迁《史记》,乃东周襄王时书,据郑玄乃平王时书,然亦已在周东迁后,已入春秋,而其书体例亦与上引西周诸书相类,是《周书》首自武王《牧誓》,下迄东周春秋时《文侯之命》,前后绵历逾三百年,不论其为誓、为诰,为训、为命,而文体均同,要之为史臣之记言。而其记言之体,又均分段分节,每以曰字呜呼引端更起,不似后世正式作为一文,必前后贯串,一气呵成。而曰誓、曰诰,曰训、曰命,其行文造体,又必各有不同也。

然亦有与此不类者,如《费誓》与《秦誓》,两文皆以公曰嗟开端,而此下即通体成篇,一贯而下,不复更端用公曰字或呜呼字。据《书序》:《费誓》乃伯禽征徐夷作,尚远在成王时,何以文体独异,乃前不与《牧誓》相似,后不与《文侯之命》相类,此可疑也。《秦誓》在秦穆公时,其时代与《文侯之命》相距不远,何以又文体忽变,且此书可疑处尚多,故知此两篇乃同出后人伪造晚出也。

又按:郑玄以《费誓》编《吕刑》前,伪孔以《费誓》列《文侯之命》后,二说相较,当以伪孔为是。伪孔《传》曰:诸侯之事而连帝王,孔子序《书》,以鲁有治戎征讨之备,秦有悔过自誓之戒,足为世法,故录以为王事,犹《诗》录商、鲁之颂。是伪孔已疑《费誓》、《秦誓》何以得列《尚书》,惟不敢谓此两篇乃后人加入,故如是婉曲说之耳。

又次有《洪范》。《洪范》乃战国末年晚出伪书,古今人已多疑者。今专就其文体论,亦可证其伪而无疑矣。此篇前记武王问,下承箕子答,此与誓诰训命皆不类,可疑一也。且箕子之答,首即列举九畴之纲,下乃逐目详说,如此条理备密,早非当时说话之记录,而成为一篇特撰之文章矣。然则岂箕子退而为文,而周之史臣录而存之乎?抑当时史臣据箕子当时之对,而为之整比条理以成此一篇乎?此篇开首惟十有三祀,王访于箕子,伪孔《传》:商曰祀,箕子称祀,不忘本。孔颖达《正义》曰:此篇箕子所作。又曰:是箕子自作明矣。又曰:此经文旨,异于余篇,非直问答而已。不是史官叙述,必是箕子既对武王之问,退而自撰其事。盖就文体言,《洪范》之异于《西周书》其他诸篇,昔人早已知之。惟不敢径斥其为伪,此自是古今人读书意态不同。今所以决知其伪者,当知有所问答,退而撰文,此等事,即下至孔子时,尚所未有。今就文学史演进之观念言,知《洪范》决不为箕子所自撰。而当时史官记言,其为体亦决不如此。又《左传》多引《洪范》,而称《商书》,则在先秦时,本不列此篇于西周诸书间也。苟使有熟辨于文体之君子,就我上之所举而两两比观之,则《洪范》之为晚出伪书,正可专就此一端而定尔。

今试再以《周书》之文体为基准,而反观虞夏之书,则更见有大不同者。如《尧典》曰若稽古帝尧,此显是后人追记之辞。郑玄以稽古为同天,亦是悟其为例不纯,而强说之也。蔡沈又谓《周书》"越若来三月"亦此例,其实仍非是。又如舜生三十征庸,三十在位,五十载陟方乃死。此乃总叙始终之辞,亦《周书》所未有也。朱子曰:《尧典》自说尧一代为治之次序,《舜典》亦是见一代政治之始终。此亦与《周书》之专为某时某事记言而作者大异。盖《尧典》成篇,乃包括尧、舜二帝,综述其两朝前后大政大绩,此等文体,显较《周书》还为进步。粗略言之,一是记言,一是作文,并是作史,固已远为不侔矣。若使周代史官知有如此作文之法,有如此写史之体,则何不为文、武两王亦有一番综合之叙述乎?何不于周公生平,及其制礼作乐之大纲大节而亦有所记载乎?诚有能熟辨于文体之君子,就于《虞书》与《周书》而两两比观之,其文体之不同,固当为《虞书》先成而《周书》后出乎?抑当先有《周书》,乃始演进而成《虞书》之体制乎?亦可不待烦言而定其先后也。

《西周书》文体辨

其次如《皋陶谟》、《益稷》。亦以曰若稽古发端,则仍是后代人追记之辞。蔡沈曰:典谟皆称稽古,而所记则异。典主记事,故尧舜皆载其实,谟主记言,故禹、皋陶则载其谟。又引林氏曰:虞史既述二典,其所载有未备者,于是又叙其君臣之间嘉言善政,以为《皋陶谟》、《益稷》,所以备二典之未备。就上引二氏之说观之,可见《皋陶》、《益稷》两篇,特以承续尧、舜二典,而补充陈述。故必综合二典二谟而并观之,乃始可以备见尧舜二帝当时君明臣良,以蔚成此一代之治之大体。然则此等撰述,乃不仅止于作文,抑且进于写史。而此种史法,则显非西周史臣乃至平王东迁后之史臣所能想像梦见也。抑且《皋陶谟》、《益稷》所载,虽亦记言之体,而仍与《西周书》为例不同。盖《西周》诸书,所记皆关于某一时某一事之语,而《皋陶谟》、《益稷》则不然。岂当有虞之时,一切治功均已告成,舜禹皋陶夔始集合一堂,交拜交语,赓歌迭唱,若为此时之君明臣良,蔚成一代之治者,作一大结笔。读者若细细诵绎,便知非出当时史笔,即本篇作者,亦已明白交代谓粤若稽古矣。刘知幾《史通》有云:史之为道,其流有二。书事记言,出自当时之简,勒成删定,归于后来之笔。(《史官建置篇》)窃谓《西周》诸书,皆刘氏所谓书事记言,出自当时之简也。而《虞书》二典二谟,则显然为勒成删定,归于后来之笔矣。既非出自当时,则其为后人伪托,自可即据文体而定耳。

其次如《夏书》之《禹贡》,其体益不类。孔颖达《正义》曰:《尧》、《舜》之典,多陈行事之状,其言寡矣。《禹贡》即全非君言,准之后代,不应入书。此亦知《禹贡》文体可疑也。孔氏又

171

曰:此篇史述时事,非是应对言语,当是水土既治,史即录此篇,其初必在《虞书》之内。盖夏史抽入《夏书》,或仲尼始退其第,事不可知。此又言《禹贡》编制在《夏书》之可疑也。刘知幾《史通》亦曰:《书》所以宣王道之正义,发话言于臣下,故其所载,皆典谟训诰誓命之文。至如《尧》、《舜》二典,直序人事,《禹贡》一篇,惟言地理,《洪范》总述灾祥,《顾命》都陈丧礼,兹亦为例不纯者也。(《六家篇》)刘氏所举,其实皆可疑,已逐篇分别论之。惟《顾命》或是文体稍后,较前有变,故叙事稍详,然要之《顾命》仍是以记载成王临崩之发命为主,不当与二典《禹贡》、《洪范》相提并论。实则《禹贡》必为战国末季之晚出书,其证多矣,今即专证之于文体,而亦见其必属晚出。若远在虞夏时,史臣已能将平水土,定贡赋,一代大政,综而述之,此乃所谓大史笔,文体进步既已达此境界,何以后之史臣,乃绝无嗣响。抑岂自禹以迄周公,一千五百年,更无大政可述乎?抑秉笔之人,尽属庸下,更不能有此才力识趣乎?

盖二典之与《禹贡》,显为史文之甚进步者,其体制略近于《史》、《汉》之有八书与十志,而《西周书》诸篇,大体皆限于记言,尚未能臻于本纪列传之例。岂有当二千年前,文运已如此猛进,而厥后二千年,又如此滞迟而不前,且又如此其堕退而落后乎?则《虞》、《夏书》之显属晚出,可即此一端而论定矣。

《甘誓》、《汤誓》,以文体言,亦皆与《牧誓》不同,而转与《秦誓》相似,此亦可疑也。

《盘庚》之篇,史迁谓:盘庚崩,弟小辛立,殷复衰,百姓思盘庚,乃作《盘庚》三篇。是谓《盘庚》之书作于盘庚之身后,乃当时百姓追思所作,此已与《虞》、《夏书》粤若稽古之事相类。而非如《周书》之出于当时史臣之载笔矣。惟郑康成则谓上篇是盘庚为臣时事,下篇是盘庚为君时事。孔颖达《正义》云:中上两篇未迁时事,下篇既迁后事。魏源《书古微》有辨曰:上篇率吁众戚出矢言以下,至底绥四方以上,皆叙殷人不愿迁之词,非诰语也。自盘庚斅于民以下,始叙盘庚之诰,《商书》言其如台者四,《史记》有其三,而皆改曰其奈何,此皆不愿迁者之言。谓先王祖乙去相来邢,重我民生,无尽虞刘于水,曾稽之卜,曰:河水无能如我何也。次篇新邑,殷也。盘庚词也,首篇新邑,邢也,殷民词也。不然,中篇方云盘庚作,维涉河以民迁,下篇方云:盘庚既迁,岂有首篇未迁之始,即云兹新邑,曰:既爰宅于兹乎?岂有盘庚未斅于民,未命众悉至庭之前,而于宫中无人之地自出矢言乎?今按:魏氏之言辨矣,而此三篇,要仍有可疑者。如上篇起首即曰盘庚迁于殷,民不适有居。此无论如郑说如孔刘说,皆若有不辞之嫌。又如中篇,殷降大虐,郑康成曰:殷者,将迁于殷,先正其号名。说更牵强。然若谓已迁,篇中何又云今予将试以汝迁乎?则孔说中上两篇为未迁时事,允矣。既两篇同属未迁时事,何以又分写成两番诰语,盖郑氏已疑及此,故说上篇为盘庚为臣时事也。然郑说仍自不妥。即如上篇,王若曰,孙星衍曰:若如史迁说,此书乃后人追思盘庚所作,则此处王即盘庚也。若如郑康成说,上篇乃盘庚为臣时事,则此王谓阳甲。今按孙氏此说,显然大误。此处王若曰乃紧承上文王命众悉至于廷语而来。若王是阳甲,岂命众悉至于廷之王亦乃阳甲乎?若此命众悉至于廷之王实指盘庚,而犹谓其是盘庚为臣时事,岂篇中称王亦先正其号名乎？又且上篇屡言先王，古我先王，其自称皆曰予，中篇既称先王，又我古后，又称我古后，又称我先神后，又称先后，古我先后，我先后，其自称，既曰予，又曰朕，一篇之中，屡易其辞，显与上篇大不类。此皆甚可疑者。史迁说此三篇出后人追思所作，亦实有其不得已。盖史迁从孔安国问故，师承所自，固已悟此篇文体之不与《西周》诸书相似矣。

其次复有《西伯戡黎》与《微子》两篇，此皆短篇薄物，论其时代，已与《牧誓》相距甚近。篇中要旨，亦特以见殷之必亡，周之必兴而已。陈澧《东塾读书记》谓：《尚书》二十八篇，盛治之文多，衰敝之文少，惟《西伯戡黎》、《微子》二篇而已。又曰：《微子》篇云：殷罔不小大，好草窃奸宄。卿士师师非度。凡有辜罪，乃罔恒获。又至今殷民乃攘窃神祇之牺牲，用以容，将食无灾。此殷世衰敝之状，三千年后犹如目睹。然正惟此等语，实似后人之笔，殆不似出于微子之口吻也。然则周兴以前，是否早有《商书》之存在，此事即大可疑。或《诗》、《书》之兴，皆属周初，此皆周公制礼作乐之盛，而为前此所未有也。今若将《书经》年代远推而上，至于虞、夏，则何以散文官史，发展成熟远在二千年之前，而歌诗雅颂抒情韵文，转远起二千年之后乎？此又与世界各地一般的文学起源，远有不同。抑且古人每以《诗》、《书》并称，而又《诗》在前，《书》在后，其说亦无法可通也。

盖《诗》、《书》之起，实当同在西周之初。郑玄《诗谱序》谓有夏篇章，靡有孑遗。迄及商王，不风不雅。是言夏、商无诗也。魏源《诗古微》辨商颂，曰：尝读三颂之诗，窃怪周颂皆止一章，章六七句，其词噩噩尔。而商颂则《长发》七章，《殷武》六章，且皆数十句，其词灏灏尔。何其文家之质，质家之文？又曰：大乐必易，故惟专章，自考父颂殷，违大乐易简之义，矢铺张扬厉之音。至奚斯颂鲁，并舍告神之义为美上之词，遂为秦汉刻石铭功之所祖。此亦以文体明先后，究流变也。

《诗》起西周，其事殆无以复疑。至后儒如崔述之徒，以《豳风·七月》为大王以前旧诗之类，此等皆可不辨。《诗》既若是，《书》亦宜然。而《书》之为体，其始则仅主于记言。曰誓曰诰，皆记言也。《牧誓》所重，不在牧野之战，举一可以例余。此其说，古人盖犹多能言之。王肃曰：上所言，下为史所书，故曰《尚书》。孔颖达《尚书正义序》承王说，曰：夫《书》者，人君辞诰之典，右史记言之策。刘知幾《史通》亦曰：宗周既殒，《书》体遂废。迨乎汉魏，无能继者。至鲁广陵相鲁国孔衍，以为国史所以表言行，昭法式。至于人理常事，不足备列。乃删汉魏诸史，取其美词典言，足为龟镜者，定以篇第，纂成一家。由是有《汉尚书》、《后汉尚书》、《魏尚书》凡为二十六卷。(《六家篇》)柳宗元《西汉文类序》亦曰：左右史混久矣，言事驳乱，《尚书》、《春秋》之旨不立。独《左氏》、《国语》，记言不参于事。《战国策》、《春秋后语》，颇本右史《尚书》之制。此皆古人犹知《尚书》为体偏主记言之证也。

惟其如此，故《书》之为体，究不能与后世史籍相比。刘知幾殆可谓深明其义。其于孔衍之续《尚书》，乃颇不以为然。其言曰：原夫《尚书》之所记，若君臣相对，词旨可称，则一时之言，累篇咸载。如言无足纪，语无足述，若此，故事虽脱略，而观者不以为非。爰逮中叶，文籍大备，必剪截今文，模拟古法。事非改辙,理涉守株。又曰:若乃帝王无纪,公卿缺传,则年月失序,爵里难详。斯并昔之所忽,而今之所要。(上引均出《六家篇》)今按:刘氏分别古今史法轻重详略得失之间,可谓朗若列眉矣。余此所辨,亦正可以发明刘氏之意。然苟混并虞夏商周四代之书,不复加以分别,而仅以为体不纯说之,则刘氏之说,亦未见其诚为果然否尔也。

《尚书》所主,既在记言,从侧面言之,即记事本非所重。刘氏《史通》又言之,曰:古之史氏,区分有二。一曰记言,一曰记事。而古人所学,以言为首。刘氏又列举例证,而曰:记事之史不行,而记言之书见重,断可知矣。因曰:《论语》专述言辞,《家语》兼陈事业,而自古学徒相授,惟称《论语》。由斯而谈,古人轻事重言之明效也。又曰:《书》之所载,以言为主。至于废兴行事,万不记一。语其缺略,可胜道哉。(以上均见《疑古篇》)。又曰:世犹淳质,文从简略,求诸备体,固已缺如。(二体)此皆刘氏通达之名言也。即后儒如魏源《书古微》亦曰:夫子删《书》,止见鲁国所藏记言之史,而未见周室所藏记事之文。其言信否当别论,要之魏氏亦已知《西周书》篇乃详于记言,略于记事,则与刘氏《史通》之论,古今一致,无可怀疑也。

然《书》体既偏于记言,岂不于事将独有缺?是则又不然。盖古人所以见事者在诗。故《毛诗序》有云:一国之事,系一人之本谓之风。言天下之事,形四方之风谓之雅。又曰颂者,美盛德之形容,以其成功告于神明者也。又曰:国史明乎得失之迹,伤人伦之废,哀刑政之苛,吟咏情性,以风其上。达于事变而怀其旧俗者也。此于诗以见事,诗、史相通之旨,可谓言之甚明晰矣。郑玄《诗谱序》亦曰：吉凶之所由，忧娱之萌渐，昭昭在斯，是作后王之鉴。夷、厉已上，岁数不明，太史年表，自共和始，历宣、幽、平王而得春秋，次第以立斯谱。然则郑玄之意，亦在因诗见史，故为立谱以明之也。而所谓《诗》亡而后《春秋》作，亦于郑氏之言，可窥其微旨矣。朱子旷古大儒，顾于此颇滋怀疑，因谓诗才说得密，便说他不著。国史明乎得失之迹一句也有病。《周礼》、《礼记》中，史并不掌诗。又曰：《周礼》史官，如太史、小史、内史、外史，其职不过掌书，无掌诗者。不知明得失之迹，却干国史甚事。今按，朱子所疑亦是也。盖史以记言记事，诗以言志言怀，二者各不同。史官掌记载，雅、颂歌咏，自非其业。今之所辨，乃以发明古者史官仅主记言，非能如后世史官记注之完备，而古人之诗，则转可以考见当时史迹之大。此见古今事变，未可专以后世眼光窥测古人，则毛、郑之说，实未可非，而专以闾巷男女、民间日常说古诗，亦未为得也。

　　惟其《周书》体制不重在记事，故虽一王之盛德大业，焕乎其有成功者，亦惟于《诗》乎见。播之乐歌，分在雅、颂，而于《书》顾独缺。周人自后稷以下，迄公刘而至文王，其事迹皆见于《诗》。周人所尊，莫过文王，颂始《清庙》，大雅始《文王》，而于《书》无文王之典。郑玄《诗谱序》谓：成王周公致太平，制礼作乐，而有颂声兴焉，盛之至也。孔颖达《诗正义》曰：咏往事，显祖业，昭文德，述武功，皆令歌颂，述之以美。魏源《诗古微》亦曰：成王周公，始制雅、颂，继文王之志，述文、武之事。故春秋季札观乐，闻歌大雅，曰：美哉其文王之德乎！此皆古人已知即诗以见事，即诗以论史之证也。即下逮宣王中兴，大雅亦有《江汉》、《常武》，歌咏其事。而平淮伐徐，转不载于《周书》。即下迄幽、厉，周道中衰，而致东迁，此皆可于诗人之歌咏寻迹之，而于《书》顾独不详。此岂非古人《诗》、《书》各有分职，所以互足相成，而惜乎后世遂少能发其意者。正因晚出《书》如《虞书》二典，既失其伦类，而从来又拘于尊经，怯于疑古，事涉尧舜，便多回护，于是不悟《书》体之有缺，遂亦昧于雅、颂之为用，循至认为《书》属史，《诗》属文，而《诗》、《书》乃各失其所矣。

惟《诗》之为用，其先本偏主于颂赞，而美在此则讽在彼。流变所极，不能无讽刺。然讽刺终不可以为训而垂后。故自《诗》有变风、变雅，而诗之为道已穷。乃不得不有起而为之继者。孟子曰：王者之迹熄而《诗》亡，《诗》亡然后《春秋》作，是也。郑玄《诗谱序》即承孟子意。赵歧又说之曰：王迹止熄，颂声不作，故《诗》亡。《春秋》拨乱，作于衰世也。窃意史迁年表，始于共和。是共和以前，固无编年载事之史，有之当自共和始，故史迁据以为表。杜预曰：《春秋》者，记事以系之日月时年。然则《春秋》之始作，明在宣王以下。班孟坚有云：成康没而颂声寝。盖至于宣王之殁，不仅颂声之寝，即如大雅《江汉》、《常武》之咏，亦已渺乎难继。于是《诗》乃有刺无颂，则又何赖乎有《诗》，故赵歧以颂声不作释《诗》亡，颂实当兼雅而言，赵氏之说，殆深得古义。即谓孟子所指作《春秋》者当专属之孔子。如魏源之说，则雅亡于平之四十九年而后《春秋》作。要之雅、颂在西周，其功用实兼乎史记，是《春秋》继《诗》不继《书》，此义后人知而能论之者鲜矣。其端亦始乎不辨《虞》、《夏》之为伪书而然也。

《春秋》为体,始重记事。刘知幾《史通》又言之,曰:历观自古作者,权舆《尚书》。发踪所载,务于寡事。《春秋》变体,其言贵于省文。斯盖浇淳殊致,前后异迹。(《叙事》)然上世记言之体,则固不因此而遽绝。抑且踵事增华,下散而至于列国卿大夫,如今《鲁语》、《晋语》所收之类是也。更下而散至于私家之立言者,如孔门有《论语》是也。即下至战国,百家著书,仍不能尽脱古者记言之成格。刘知幾谓战国以下,词人属文,皆伪立客主,假相酬答。(《杂说》)是也。其记言记事,相互配合,而渐演为后世之史体者,则为《左传》。刘知幾曰:古者言为《尚书》,事为《春秋》,左氏为书,不遵古法,言之与事,同在传中。(《载言篇》)此说实可指出古者史体演进之阶程与步骤,未可轻以后世人成见讥之也。至于今传《虞书》二《典》之与《禹贡》,则不仅言事相糅而不分,盖其书综括始终,提要钩玄,于一朝之大政大典,一王之大经大法,爬剔出之,排比以载。既非记言,亦非记事。刘知幾谓书志出于三《礼》(《史通·书志篇》),盖书志又史籍之进步与成熟以后始能有,而二典、《禹贡》,其体例实与书、志为近。奈何可与西周之书等类而平视乎?

昔朱子以文体难易不同,而疑及《尚书》今文、古文之有辨。谓今文多艰涩,古文反平易。不应伏生已年老,所记皆其难者,而易者反不记。又谓疑盘、诰之类,是一时告谕百姓,盘庚劝谕百姓迁都之类,是出于记录。至于《蔡仲之命》,《微子之命》,《冏命》之属,或出当时做成底诏诰文字,如后世朝廷词臣所为者。实则《周书》文体,正不该有如后世词臣所为。又曰:《书》有两体,有极分晓者,有极难晓者。某恐如《盘庚》、《周诰》、《多方》、《多士》之类，是当时召之来而面命之，面教告之，自是当时一类说话。至于《旅獒》、《毕命》、《微子之命》、《君陈》、《君牙》、《冏命》之属，则是当时修其辞命。又谓孔序庸沓，不似西汉文苍古之体，甚属可疑。此皆就文体辨异同也。越后明清诸儒，抉发《古文尚书》之伪，实由朱子导其源。而余意即就今传《今文尚书》，其间文体亦尚有辨。此篇略陈梗概，而用意实不止于辨伪。如论《诗》、《书》之同起于周初，当为中国有文籍之祖。如论《书》体仅主于记言，非有如后人所谓历史的观念。如论史迹转详于《诗》，如论《春秋》之由于雅、颂不作而代兴。如论先秦诸子著书之沿袭古史记言之体而递变。如论记言与作文与著史之在当时人观念中之递演而递分。凡此诸端，当为考论中国古代文学史、史学史与文化史者所必当注意。其于中国古代史上一般的人文演进，关系匪细。爰著所疑，以待博雅君子之论定焉。

此稿成于一九五七年，刊载于是年八月《新亚学报》三卷一期

《易经》研究

《易经》是中国一部最古最神秘的书,也是一部最易引人研究的兴味而最不易得到研究的结果的书。清初胡渭(朏明)著有一部《易图明辨》,算是研究《易经》一部很好的书。前人说看了胡渭的《易图明辨》,宋以来讲《易》的书统可不看了,因为他们都讲错了,都不可靠。但是清儒从宋儒的道士《易》一反而为汉儒的方士《易》,依然是二五之与一十,至多是五十步之与百步,仍是不可靠,仍都是讲错了。最近有人把西洋哲学来讲《易经》,将来此风或者要日渐加盛,我想题他一个名目叫做博士《易》,表示他也只与方士《易》、道士《易》同样的讲错,同样的不可靠罢了。他们讲《易》的错误与不可靠,无非是他们研究方法的失败。我今天来讲《易经》研究,只是讲一个研究《易经》的新方法,比较可靠少错误的方法,却不敢说自己对于《易经》研究有什么无误而可靠的成绩。

前人说《易经》四圣,时历三古。他们说,伏羲划八卦,文王作卦辞,周公作爻辞,孔子作十翼。伏羲为上古之圣人,文王周公为中古之圣人,孔子为近古之圣人。一部《易经》是如此完成的。此说是真是假,我们暂可不论。但是我们却从此可以知道,《易经》决不是一时代一个人的作品,而是经过各时代许多人的集合品。我们并可以说《易经》里的十翼,是最后加入的东西。我们可以说其是《易经》完成的第三期。次之卦辞爻辞,是《易》的第二期。其余只剩八八六十四卦,便是《易经》最先有的东西,是易的第一期。我们现在借用近人胡适之所称剥皮的方法,先把《易经》里的第三期东西剥去,再把他第二期东西也剥去,单只研究《易经》第一期里面的东西。把第一期的《易》研究清楚了,再研究第二期。把第二期的东西弄清楚了,再来研究第三期。把《易经》成立次第依着历史的分析的方法去研究,这是我今天要提出的一个比较可靠而可以少错误的新方法。

换一方面讲,前人研究《易经》,不外分象、数、辞、理之四者。我在第一期里研究《易》卦象、数,第二期里研究上下篇的《系辞》,第三期里研究十传的哲理,似乎尽足以涵纳一部《易经》的内容了。

先讲第一期——《易》卦,从象的方面讲。《易》卦八八六十四个,起原只是八个。八卦的取象,只有两爻。

　— 象天,浑然不可分析。

　-- 象地,地上山川草木蓁然可辨。

此为八卦成象的第一步。循是而进,有下列的三卦。

　☳ 为一物在地底之象——雷。是为天神下格之第一卦。

古代先民,认为雷动起于地下。《易》说雷出地奋,《礼记》说雷始收声,均是其证。

☵ 为一物在地中之象——水。是为天神下格之第二卦。

《孟子》：水由地中行。就是这个卦象了。

☶ 为一物在地上之象——山。是为天神下格之第三卦。

《公羊传注》说：山者阳精，德泽所由生，君之象。《礼记》：因名山升中于天。《白虎通》：王者易姓而起，必升封泰山。都是古人以为山神近天之证。

将上列三卦反转，便成下列的三卦。

☴ 为一物在天空下层之象——风。是为地气上通之第一卦。

《庄子》：大块噫气，其名曰风。即是这个卦象。

☲ 为一物在天空中层之象——火。是为地气上通之第二卦。

地上万物，经火则其气融融而上。古人祭天则烧柴而祭，曰尞，也取其气之上通。

☱ 为一物在天空上层之象——泽。是为地气上通之第三卦。

水草交厝为泽，毒虫猛兽居之，古人常纵火大泽以驱禽行猎。《尧典》：益烈山泽。《韩非子》：鲁人烧积泽，天北风，火南倚，恐烧国。故泽卦与风火为类，本取象于烈泽，后人认作水泽雨泽都错了。

此当为八卦成象之第二步。从此

☰ ― 增而为 ☰——天。

☷ -- 增而为 ☷——地。

天、地两卦为什么定要三画呢？这是牵强的，无可说了。不过是把来和上举六卦归成一律而已。以上便是八卦的来历。

我们可以知道,八卦只是一种文字,只是游牧时代的一种文字。把文字学上的六书来讲,他应归入指事一类。后来重卦发生,这便是六书里面的会意字了。例如:

☷ 本为雷在地下之象。后来沿用既久,一看便认它为雷,因此雷在地下,别又造了一个象:☷。

☶ 本为山在地上之象。后来沿用既久,一看便认它为山,因此山在地上,别又造了一个象:☶。

从文字学的例来讲,采本从手,继乃加手而为采。莫已有日,后更增日而成暮,都是一理的。其他像:

☵ 为山下有泉

☵ 为山上有泉

之类,多能于八卦以外,增加了新意象。但是如:

☰ 天上山

☷ 地下山

之类,便不免有些牵强,不可说了。最后便有:

☰ 为天

☷ 为地

便益发没有理由可说。只求六划成卦,整齐一律,便成了六十四卦。

从八卦重叠而成六十四卦,不可不说是一个大进步。可是社会进化,人事日繁,往日游牧时代简单的几个代表自然界的卦象,终觉不够用,因此乃把卦象推衍开去,这譬如是六书里的假借。例如:

☰象马,取其健。☷象牛,取其顺。☳象龙,取其潜蛰而能飞,如雷。而且雷动龙现,二者亦相因而至。☴象鸡,取其知时如风。☵象豕,取其居污湿,近水。☲象雉,取其光采似火。☶象狗,取其守御如山。☱象羊,这是猎品中之可爱的。

因此动物也可包括在卦象里面去。又如:

☰象头,取其在上。☷象腹,取其中虚容物如地。☳象足,取其动而在下如雷。☴象腿,取其能行如风,能曲直如树。(☴本象风,风动树摇,相因而至,故亦象树。)☵象耳,水是黯淡的,故象耳。☲象目,火是光明的,故象目。☶象手,取其守御保卫。☱象口,行猎最乐,张口而笑,又吃得,故象口。

因此人身的各部分,也可包括在卦象里面去。又如:

☰为父,☷为母,☳为长男,☵为次男,☶为少男,☴为长女,☲为次女,☱为少女。

因此,一个家庭也可包括在卦象里面去。照此推衍,卦象的含义,愈推愈广。若把六十四个卦重叠起来说,尤其包涵得多了。我们可以说,就是现世的火车飞机之类,也未始不可比附到卦象里面去。但是卦象尽是推衍,应用到底有窒碍。八卦只好算是古文字之僵化。后世实际应用的,还是别一种更巧妙更灵活的文字,便是现在用的字。

以上粗粗讲了一个卦象的大略,下面讲卦的数。

从数的方面讲:

　　— 象奇数一。

　　-- 象偶数二。

这本是象数一原的。就是十翼里天数一地数二的话。后来一转而为:

　　— 象奇数三。(一与二之和)

　　-- 象偶数二。

这便复杂了,进步了,这就是十翼里参天两地而倚数的话。也就是老子、庄子说的一生二,二生三,三生万物的话。天上日月星三光的崇拜,应该也和卦数有些关系。二加三为五,五行说的起源,或者也和卦数有关。从此八卦又成了记数的符号:

　　☰ 3+3+3=9 (老阳)
　　☷ 2+2+2=6 (老阴)
　　☶ 3+2+2=7 (少阳)
　　☳ 2+3+3=8 (少阴)

九六为老,七八为少,便是如此的来源。八卦的总数,乾坤两卦合十五,其他六卦合四十五,总数却成了六〇,这与甲子历数显有关系。古人常《易》历连称,八卦在天文历数上的应用,这又是值得推考研究的。后来天地合数之五的十倍五十,便成为大衍之数,前人说是函有勾三股四弦五的三面积:

$$勾\ 3^2 + 股\ 4^2 + 弦\ 5^2 = 9 + 16 + 25 = 50$$

这竟是一种很高深的数学游戏。他的占法,要四营成易,十有八变成卦。我想最先筮卦,只以二三起数,至九六七八为止,只是一种初步的计数游戏,决不能像大衍数那样的繁复。

以上粗粗的讲了《易》卦的数。照《易》卦的象与数讲来,本来是很简单很粗浅的,但是何以后来把他看得很神秘的呢?

从占的方面讲:我们试设想上古有一队牧人,远出游牧,路经山野,其地旱峭,遍觅水泉,得之山上,那队牧人临走的时候,想到后队接踵便至,便在山下显处划个记号:

☶

这便是说山上有水了。后队到此,知道山上有水,便可径自攀登。又如见:

☷

便知水在山下,无须登巅寻觅。这本如后世文字的使用,无足为奇。但初民愚昧,他以为卦中有神,告他方便,他此后,一遇疑惑,便难免要乞灵卦神了,这便是占卦的起始。其实我们现社会的拆字,何尝不与古人的占卦同一见识。我们的敬惜字纸,便是把八卦来压邪的行径。

从辞的方面讲:有了占,便渐有辞。辞的起源,是从占卜者口里记下来的话。今设想有人因为娶妻去占卦,得

☶

这卦的本义是山上有泽,这与嫁娶吉凶有何关系呢?但自有聪明人为他推详,说☱是少女,☶是少男,正都是应该婚嫁的当儿。

而且女悦而男止（泽是行猎故悦，山是静止的）男的能止于礼，不侵犯女的，女的能悦从男的，那还不好么？而且是男下于女，尤合于婚姻上男先求女之礼，这正是一个男女相感，很通利的卦，用来取女自然是吉的。听的人心里喜欢，把他的话简单记下，便成下式：

☷☷ 咸，亨，利，贞取女，吉。

今再设想娶妻占卦得

☰

这卦象是天下有风，又与嫁娶吉凶何关呢？但聪明的人说，照卦象看来，这女子是个长女，很活动很难管束的。你看风行天下，随遇而合。这卦象明明是一个女子却有了五个男子，水性杨花，随便地遇合，那好和他结为嘉耦呢？听的人也信了，把他的话约略记下，便成下式：

☰ 姤，女壮，勿用取女。

这便是卦辞的原始来历了。我们试再把十翼里的话来看，他说：

山中有泽，咸，君子以虚受人。
天下有风，姤，后以施命诰四方。

那就板着面孔说正经大方话，和上面卦辞里说的性质大异了。

这因为《周易》上下传里还保留着不少古初卜辞遗下的痕迹,十翼却完全是后人的造作。我说研究《易经》,应该用历史的眼光分析的方法去加以研究,其道理也就在这些处。

现在再举一例来讲,卦辞里的贞字是常见的。据《说文》:贞,问也。《易辞》里的贞字,都应该作贞问解。十翼里忽然造出元亨利贞的四德来,这是最无根据,从原始意义讲来,是最不通,最难信从的。贞字有指人而言的,如:

> 利君子贞。
>
> 不利君子贞。
>
> 贞大人吉。
>
> 贞丈人吉。
>
> 利武人之贞。
>
> 幽人贞吉。(幽人是囚系的犯人)
>
> 利幽人之贞。
>
> 贞妇人吉,夫子凶。
>
> 利女贞。
>
> 妇贞厉。
>
> 女子贞不字,十年乃字。(字训妊娠。女子贞得此卦,主不生育,要隔了十年才得生育)。

这都是很明了地说,那一等人占到这卦便吉,那一等人占到便凶。

贞字又有指事而言的。如:

师贞,丈人吉。　　这指行军的贞卜而言。

旅贞吉。　　这指出行的贞卜而言。

利居贞。　　这指居住的贞卜而言。

居贞吉,不可涉大川。

征凶,居贞吉。

利艰贞。　　处艰危,占到此卦的有利。

艰贞吉。

贞疾,恒不死。　　病人贞得此卦,可无死亡之忧。

不可疾贞。　　病人贞得此卦,便难保了。

小贞吉,大贞凶。　　大贞如卜立君卜大卦等,见周官。

在近代发见的殷墟甲骨文里,也有师贞行贞等名语,正与《易辞》里师贞行贞等一例。此外还有指吉凶而言的,如利贞、不利贞、贞凶、贞厉、贞吝、贞无咎等皆是。要之凡《周易》上下二篇里的贞字,照我讲法无一不通。照《文言》里贞固之德解,便无一可通。《易经》应该分析的研究,岂不于此益信吗?

以上粗粗讲到卦辞,便已侵入《易经》的第二期,现在我们接着讲第二期《周易》。

《易辞》已在上面讲了一些,此下要讲的是现存的《周易》上下篇。最初的《易辞》,只在《周易》上下篇里存了一些痕迹。至于《周易》上下篇,是特别有它的用意的。十翼里面说,《易》之兴也,当殷之末世,周之盛德,当文王与纣之事,《易》言殷周之际,这却真是不错的。原来《周易》之作,在明周家之得天下盖由天命。后来《左传》里保存着的田氏、魏氏等篡窃齐、晋的预言,很灵验的占卦,都是和《周易》同样的用意。不过《周易》里面的话,没有《左传》里那样显露,格外难推详些罢了。现在姑举两例为证。《周易》里说:

  西南得朋,东北丧朋。(《坤卦·彖辞》)
  利西南,不利东北。(《蹇卦·彖辞》)
  利西南。(《解卦·彖辞》)

这三条里的西南东北,从来解《易》的人,都从《易》卦的方位上去解释。但是我却怀疑,何以《易辞》里只留下利西南不利东北的卦,更没有利东北不利西南的。而且八卦代表方面,应该各方皆全,何以《易辞》里只有记到西南东北两方,而没有及西北东南的。原来西南是指的周,东北是指的殷,《易》是周《易》,自然只利西南,不利东北了。这也不是我的创解,《屯卦》的《彖辞》说,密云不雨,自我西郊。郑康成就说,我者,文王自谓也。《既济》的九五爻说,东邻杀牛,不如西邻之禴祭,实受其福。郑康成也说,东邻,谓纣国中。西邻,文王国中。可见汉儒也尚如此说,不过没有悟到西南东北也是一例罢了。
  再举一例,《师卦》的六五爻说:

  长子帅师,弟子舆尸,贞凶。

舆尸两字,从来也没有确解。据《尔雅》,尸,主也。《史记》上说,武王为文王木主,载以车,中军,武王自称太子发,言奉文王以伐，不敢自专也。长子帅师，便是《史记》说的自称太子发，不敢自专的话。舆尸，便是《史记》说的载文王木主的话。可见《师卦》明明是记载着周武王伐纣的事迹。这还有旁证两条：

(一)《楚辞·天问》：武发杀殷何所挹，载尸集战何所急。

(二)《淮南子》：武王伐纣，载尸而行，海内未定，不为三年之丧。

都是用的尸字。我们参考着楚辞《淮南子》，便可明白得《易辞》里舆尸两字的真意义。但是何以说贞凶呢？在王充《论衡》的《卜筮》篇里说过：

武王伐纣，卜筮之，逆，占曰大凶，太公推蓍蹈龟而曰：枯骨死草，何知而凶矣。

可见武王当时本有占到凶卦的传说。现在《师卦》的六五爻又说：

大君有命，开国承家，小人勿用。

这明明是说周家得天下是有天命的，以后小人却不得妄觊非分，借着周家这件故事来自取其祸。勿用的用字，也是卜辞里惯有的字，如利用行师，利用祭祀，勿用有攸往之类。小人勿用，只谈小人不能用此卦。后来解《易》的人说，开国承家须用君子，勿用小人,真所谓郢书燕说了。

以上粗举两条,证明现在一部《周易》上下篇,其中卦辞颇有特别用意,不同泛说。至于其他例证,恕不详及。

本讲分三部:(一)六十四卦。(二)《周易》上下传。(三)十翼。六十四卦与《周易》上下传,前次已讲过,今天讲《易经》的第三期——十翼。

从前人以为十翼是孔子作的,其实不然。今天专讲一个十翼非孔子作,其他问题暂不涉及。我试提出十个证据来证说十翼非孔子作。

其一,从前晋朝在河南汲郡魏襄王的古墓里得到一大批古书,内有《易经》两篇,与现在的《周易》上下经同,但是没有十翼。我们知道魏文侯很能尊儒好古,他奉子夏为师,子夏是孔门大弟子,倘孔子作十翼,不应魏国无传,何以魏冢《易经》仍止两篇。

其二,《左传》鲁襄公九年,鲁穆姜论元亨利贞四德,与今《文言》篇略同。以文势论,只见是《周易》抄《左传》,不见是《左传》抄《周易》。

其三,《论语》曾子曰,君子思不出其位。今《周易·艮卦·象传》也有此语。果孔子作十翼,记《论语》的人,不应误作曾子曰。

其四,《系辞》中屡称子曰,明非孔子手笔。

其五,《史记·自序》引《系辞》称《易大传》,并不称经,可见亦并不以为孔子语。

其六,《史记》托始黄帝。他说,百家言黄帝,其文不雅驯,搢绅先生难言之,而曰不离古文者近是。《伯夷传》的起首说,儒者载籍极博,犹考信于六艺。许由务光,太史公虽亲登箕山许墓,只以孔子不曾说到,故不敢轻信。列传始伯夷,世家始吴泰伯,多是孔子称述到的人。《史记》推尊孔子如此。今《系辞》中详述伏羲神农制作,太史公并不是没有见到,何以五帝托始黄帝,更不叙及伏羲神农呢?可证在史公时,尚并不以《系辞》为孔子作品。

以上六证,前人多说过,只说非孔子作十翼。现在要更进一层说,孔子对于《易经》,也并未有韦编三绝的精深研究,那孔子作十翼的话自然更无根据了。

其七,《论语》无孔子学《易》事,只有加我数年五十以学易可以无大过矣一条。据《鲁论》,易字当作亦。古人四十为强仕之年,孔子仕鲁为司寇将近五十,他在未仕以前说,再能加我数年,学到五十岁,再出做事,也可以没有大过失了,这本是很明白的话。古论上妄错易一字,便附会到五十学《易》等等说话。

其八,《孟子》书内常称述《诗》、《书》而不及《易》。今《系辞》里有继之者善成之者性的话,孟子论性善也并不引及。荀子也不称《易》。(今《荀子》书中有引及《易》的几篇,并不可靠。)

其九,秦人烧书,以《易》为卜筮书,不烧,不和《诗》、《书》同样看待。自从秦人烧书后,一辈儒生无书可讲,只好把一切思想学问,牵涉到《易经》里面去讲,这是汉代初年《易》学骤盛的一个原因。若是孔子作十翼,《易》为儒家经典,岂有不烧之理。

其一〇,《论语》和《易》思想不同。

这一层,应得稍为详述。现在姑且提出三个字来讲。

一,道。

《论语》里的道学,是附属于人类行为的一种价值的品词,大概可分为三类。

(一)是合理的行为,便是吾人应走的道路。譬如君子之道,父之道,相师之道等。

(二)是行为的理法,这是归纳一切合法的行为而成的一个抽象的意思,譬如志于道,朝闻道之类。

(三)是社会风俗国家政治的合于理法底部分,这是拿前两条合起来扩大了说的。譬如文武之道,古之道,天下有道等。

总之,道只是我们人类的行为,其他还有说到天道的。子贡说:夫子之文章,可得而闻。夫子之言性与天道,不可得而闻。孔子时常说及天命,却不说天命的所以然之天道。所以为子贡所未闻。今《系辞》里说的道,却绝然不同了。第一,这是抽象的独立之一物,故说一阴一阳之谓道。又说形而上者谓之道。天地间的变化,照《系辞》说来,只一阴一阳就完了,那一阴一阳便只是道。老子说,道生天生地,神鬼神帝。照《系辞》的学说讲来,天地神鬼,也只是一阴一阳,也只是道。所以道是最先的,惟一的。老子说,有物浑成,先天地生,吾不知其名,字之曰道。又说:道,万物之宗,吾不知其谁之子,象帝之先。《系辞》里的道,明与老庄说法相合。第二,他把道字的涵义广为引申,及于凡天地间的各种现象。故说乾道、坤道、天地之道、日月之道、昼夜之道、变化之道、与君子小人之道等,这也与《论语》不同。这也是从一阴一阳之谓道之一语里衍化出来的。

二,天。

《论语》里的天字,是有意志,有人格的。如天生德于予,天丧予,获罪于天,天纵之将圣,天之将丧斯文,畏天命,天何言哉,富贵在天等,这是一种极素朴的宗教观念。《系辞》里的天字却大不同了。第一,他把天地并举,为自然界的两大法象。故说法象莫大乎天地。又说:天尊地卑。崇效天,卑法地。天地设位,而易行乎其中。易与天地准。天只与地为类,成了形下的一物。第二,《论语》里是用人事来证天心的,而《系辞》却把天象来推人事。所以说:天垂象,见吉凶,以则象之,把天尊地卑来定君臣夫妇的地位,也是《系辞》里的思想,孔孟儒家并不如是。

三,鬼神。

《论语》里的鬼神,也是有意志,有人格的。所以说,非其鬼而祭之,谄也。祭神如神在,敬鬼神而远之。未能事人,焉能事鬼。《系辞》里的鬼神又大不同了。也是神秘的,惟气的,和《论语》里素朴的人格化的鬼神,绝然两种。他说,仰观天文,俯察地理,是以知幽明之故。原始反终,故知死生之说。精气为物,游魂为变,故知鬼神之情状。均用惟气惟物的说明,绝不带先民素朴的迷信色彩,这是很显见的。所以张横渠要说,鬼神者,乃二气之良能了。再把《系辞》里单言神字的语意来看,多似老、庄书里说的自然。如云阴阳不测之谓神,神无方而易无体,神不疾而速,不行而至,知变化之道者其知神之所为乎,等皆是。在《韩非子·喻老篇》有一件故事说:

> 宋人有为其君以象为楮叶者,三年而成。丰杀茎柯,毫

芒繁泽,杂之楮叶之中而不可别也。此人遂以功食禄于宋邦。列子闻之,曰:使天地三年而成一叶,则物之有叶者寡矣。

这一节话,可明白神与自然的意义。《系辞》说,神者,变化之道,不疾而速,不行而至,无思无为,寂然不动,感而遂通天下之故等话,都只是形容自然的造化,像天地造叶一样。后来宋儒不明得《系辞》里的神字,本是老、庄自然的化身,偏要用儒家的心来讲,所以要求无思无为寂然而通的心体,便不觉走入歧路。可见讲学是应得细心分析的。我今天要明白指出《系辞》非孔子所作,就为这些缘故。明得神字即是自然,则自然也可利用,故要利用自然,不得不先知自然的真相。故《系辞》里又说:精义入神,以致用也。穷神知化,德之盛也。又说:以体天地之撰,以通神明之德。又说:知几其神乎。又说:利用出入,民咸用之之谓神。都是这个意思。老子里说的为之于未有,治之于未乱,也就是《易·系》里的知几。《易·系》里最高的哲学思想,便在把自然界里的千变万化,一并归纳在八八六十四个卦里面,叫人玩了卦象,便能知几利用,到无不吉的地位。用卦象的暗示,来希求人为和自然的合体,这不可不说是一种极精妙的理想。只可惜他凭借的工具——那八八六十四个卦辞——未免太拙劣些。

现在再总括的说。《易·系》里的思想,大体上是远于《论语》,而近于老、庄的,约有下面三条:(一)《系辞》言神言变化,相当于老、庄言自然、言道。《论语》好言仁,只重人与人的相交,对于人类以外的自然界似少注意。(二)《系辞》言利害吉凶,老、庄亦言利害吉凶,孔子学说的对象为人群,故不敢言利而言义。老、庄学说的对象为自然,故不必言义而径言利。(三)《系辞》、《老子》均重因果观念,孔子贵知命,仅求活动于现有的状态之下,《老子》、《易·系》则于命的来源均有讨究,这显见是他们思想上的不同。所以《易·系》里的哲学,是道家的自然哲学。他的宇宙论,可以说是唯气之一元论,或者说是法象的一元论。

这是我对于《易·系》思想的观察。至于详细,应该让讲道家哲学和阴阳家哲学的时候去讲。

　　　此稿在一九二八年夏应苏州青年会学术演讲
　　会之请,分讲两次,凡四小时,经茅童两生笔记,稍
　　加删润,刊载于《苏州中学校刊》之十七、十八期

论春秋时代人之道德精神(上)

常有人相询,能否简单用一句话来扼要指出中国文化特殊精神之所在？我常为此问题所困扰。若真求用一句话能简单扼要指出某一文化体系之特殊精神,此事决不易。必不得已而姑言之,则中国文化精神之特殊,或在其偏重于道德精神之一端。外此,我实感暂无更恰切者,可以答复此问题也。

我所谓之道德精神,既非偏信仰的宗教,亦非偏思辨的哲学,复非偏方法证验的科学。道德乃纯属一种人生行为之实践,而其内在精神,则既不是对另一世界有信仰,亦非专在理论上作是非之探讨,更非出于实际事务上之利害较量。又非法律之遵守,与夫习俗之相沿。凡属道德行为之主宰精神,乃必由内发,非外发,亦必系对内,非对外。在中国人传统观念中所谓之道德,其唯一最要特征,可谓是自求其人一己内心之所安。而所谓一己内心之所安者,亦并不谓其自我封闭于一己狭窄之心胸,不与外面世界相通流。更不指其私欲放纵,不顾外面一切,以务求一己之满足。乃指其心之投入于人世间,而具有种种敏感,人己之情，息息相关，遇有冲突龃龉，而能人我兼顾，主客并照。不偏倾一边，不走向极端。斟酌调和，纵不能于事上有一恰好安顿，而于自己心上，则务求一恰好安顿。惟此项安顿，论其归趋，则有达至于自我牺牲之一途者。此种精神，我无以名之，则名之曰道德精神。此一种道德精神，在中国文化传统里，其所占地位，所具影响，实远超过于哲学，科学，宗教诸端。此非谓中国传统文化中，无哲学，无科学，无宗教。亦不谓在其他文化传统中，乃无此一种道德精神之存在。我意则只在指出此一种道德精神，在中国文化传统中，比较最占重要地位。故可谓中国传统文化，乃一种特重于道德精神之文化，亦可谓道德精神，乃中国文化精神中一主要特点也。

讨论中国文化，每易联想及于孔子与儒家。然孔子决不能谓其是一哲学家，更不能谓其是一科学家，同时孔子亦决非一宗教主。孔子与释迦耶稣谟罕默德，常为世人相提并论，然其间究有甚大相异。中国人则只称孔子为大圣人，而中国人所谓圣人之主要涵义，则正在其特重在道德精神上。故孔子实可谓是道德性的人物，非宗教性哲学性科学性的人物也。

然孔子以前，中国文化，已经历两千年以上之积累。孔子亦由中国文化所孕育，孔子仅乃发扬光大了中国文化。换言之，因其在中国社会中，才始有孔子。孔子决不能产生于古代之印度犹太阿拉伯，而释迦耶稣谟罕默德亦决不会产生于中国。孔子生当春秋时代，其时也，臣弑其君，子弑其父，为中国一大乱世。但即在春秋时代，中国社会上之道德观念与夫道德精神，已极普遍存在，并极洋溢活跃，有其生命充沛之显现。孔子正诞生于此种极富道德精神之社会中。本文主脑,则在根据《左传》,于春秋时代中,特举出许多极富道德精神之具体事例,并稍加阐发,借此以供研究中国传统文化者,使易明了其特点,亦可借以明孔学精神之特点,即其所由异于宗教,哲学,科学之特点所在也。

以下依时代先后,逐一引据《左传》,以发明上述之旨趣。

(一) 卫二子

《左传》桓公十二年载:

> 卫宣公蒸于夷姜,生急子,属于右公子。为之娶于齐而美,公取之,生寿及朔,属寿于左公子。夷姜缢,宣姜与公子朔构急子。公使诸齐,使盗待诸莘,将杀之。寿子告之,使行。不可。曰:"弃父之命,恶用子矣。有无父之国则可也。"及行,饮以酒,寿子载其旌以先,盗杀之。急子至,曰:"我之求也。此何罪,请杀我乎!"又杀之。

当时卫人伤二子之遇,为作诗,其诗见于《卫风》。诗曰:

> 二子乘舟,泛泛其景。愿言思子,中心养养。
> 二子乘舟,泛泛其逝。愿言思子,不瑕有害。

其后西汉司马迁作《史记》,特伤之,曰:

余读世家言,至于宣公之子,以妇见诛,弟寿争死以相让,此与晋太子申生不敢明骊姬之过同。俱恶伤父之志,然卒死亡,何其悲也!或父子相杀,兄弟相戮,亦独何哉?

今按:此一事,可以十分揭示中国社会所特别重视之一种孝弟精神,此亦孔子《论语》所郑重称道者。我侪对此等事,既不该以利害论,亦不该以是非辨。若论利害,则二子徒死,于事绝无补。若辨是非,则父命当从与否,实难确定一限度。故太史公仅特指出二子之用心,谓其恶伤父之志。此乃纯出于二子当时一种内心情感,即我上文所谓人与人间之一种敏感。在孟子则称之为不忍人之心。其所不忍者,在父子兄弟间,中国人则特称此种心情曰孝弟。若使二子本无不忍其父之心,则进之可以称兵作乱,退亦可以据理力争,或设为种种方法违抗逃避。但二子计不及此。就弟言,彼不忍其兄之无辜罹祸,而劝之逃亡。但若逃亡事泄,祸或及弟,在兄亦所不忍。兄既不逃,弟乃甘以身代。彼盖内不直其母与弟之所为,乃借一死以自求心安。然其兄亦不忍其弟之为己身死而己独生,遂致接踵俱死,演此悲剧。要言之,此二子,遭逢伦常之变,处此难处之境遇,亦在各求其心之所安而已。在彼两人,既未尝在切身利害上较量,亦不在理论是非上争辨,而决心甘以身殉。则在旁人,亦自不当复以是非利害对此两人批评攻击。因此当时诗人所咏,亦仅致其悼思之意。而史公亦仅以何其悲也之悼惜语致其同情。此等事,我人无以称之,则亦惟有称之为是一件极富道德精神之故事也。

（二）楚鬻拳

《左传》庄公十九年载：

> 巴人伐楚，楚子御之，大败于津。还，鬻拳弗纳，遂伐黄。败黄师，还及湫，有疾，卒。鬻拳葬诸夕室，亦自杀也。初：鬻拳强谏楚子，楚子弗从，临之以兵，惧而从之。鬻拳曰："吾惧君以兵，罪莫大焉。君不讨，敢不自讨乎？"遂自刖也。楚人以为大阍，谓之大伯。君子曰："鬻拳可谓爱君矣。谏以自纳于刑，犹不忘纳君于善。"

鬻拳为人，盖性气极强烈。彼屡冒犯谏君，君不之听，甚至用武威胁，以求必从。其后君在外兵败，鬻拳甚至闭门不纳，其径行已心如此。然鬻拳终亦心不自安，以为用武胁君是一大罪，君不之罚，彼乃自刖己足。后之拒君弗纳，君道死于外，彼更引此内憾，认为君死由我，乃自杀以谢其对君之内疚。当时君子评此事，则仅谓鬻拳可谓爱君。此一评语，乃直道出鬻拳本人心事。若论其行迹，似乎鬻拳所为，非为臣之常轨。但探其内心，则鬻拳之一切反常违法，实莫非出于其平日一番爱君之至忱也。惟鬻拳既屡激于其爱君之心之所不得已，而终于自引为己罪，而卒至于自杀。此亦惟以求其一己之心之所安而已。此种精神，固亦不能不谓其是一种极高的道德精神也。

上两事，一属孝，一属忠。忠孝者非他，亦仅人之对其君父之一种内心敏感,一种不忍对方之深爱之恳切自然之流露。及其实见之于行事,而因以获得当时后世人人之同情,而始成为社会公认一德目。在有孔子儒家以前,忠孝两德,早在中国社会实践人生中,有其深厚之根柢。孔子亦仅感激于此等历史先例,不胜其深挚之同情,而遂以悬为孔门施教之大纲。若谓孔子在当时,乃无端凭空提倡此一种理论,而始蔚成为中国社会此后之风尚,而始目之曰道德,此则远于事理,昧于史实。试问孔子亦何从具此大力,一凭空言,而获后世人人之乐从乎?

(三) 晋太子申生

《左传》僖公四年载:

> 骊姬谓太子曰:"君梦齐姜,速祭之。"太子祭于曲沃,归胙于公。公田,姬寘诸宫,六日。公至,毒而献之。祭之地,地坟。予犬,犬毙。予小臣,小臣亦毙。姬泣曰:"贼由太子。"太子奔新城,公杀其傅杜原款。或谓太子:"辞,君必辩焉。"太子曰:"君非姬氏,居不安,食不饱。我辞,姬必有罪。君老矣,我又不乐。"曰:"子其行乎?"太子曰:"君实不察其罪,被此名也以出,人谁纳我。"缢于新城。

此一事,与上引卫急子事心情相同,司马氏已加以阐说矣。祭肉置宫中六日,安见置毒者之必由太子,此层本可辨释。但在申生意,实恐骊姬因此得罪,其父年老,若失骊姬,其心情上之创伤,将无可补偿。申生此种顾虑,则仍是对其父一番不忍有伤之孝心也。惟申生亦不愿负一谋欲弑父之恶名而逃亡,则亦惟有出于自杀之一途。此等事,只可就心论心,又何从复据是非利害以多所责备乎?

(四) 晋荀息

《左传》僖公九年十年载:

> 献公使荀息傅奚齐。公疾,召之,曰:"以是藐诸孤,辱在大夫,其若之何。"稽首而对曰:"臣竭其股肱之力,加之以忠贞。其济,君之灵也。不济,则以死继之。"公曰:"何谓忠贞?"对曰:"公家之利,知无不为,忠也。送往事居,耦俱无猜,贞也。"及里克将杀奚齐,先告荀息,曰:"三怨将作,秦晋辅之,子将何如?"荀息曰:"将死之。"里克曰:"无益也。"荀叔曰:"吾与先君言矣,不可以贰。能欲复言而爱身乎?虽无益也,将焉避之?且人之欲善,谁不如我?我欲无贰,而能谓人已乎?"里克杀奚齐,荀息将死之,人曰:"不如立卓子而辅之。"荀息立公子卓。里克杀之于朝,荀息死之。君子曰:"《诗》所谓白珪之玷,尚可磨也。斯言之玷,不可为也。荀息有焉。"

奚齐卓子不当立,若立二子,必致树敌酿乱。荀息之误,在于不当诺献公临死之托。今已诺之在前,而能不顾利害成败,宁以身殉,不食前言以欺其死君,此就行事之全部言,虽不尽当,然若专就其不食前言以欺死君之一节言,则仍有其至可钦敬之一番道德精神也。

(五) 晋狐突

《左传》僖公二十三年载:

> 怀公立,命无从亡人。狐突之子毛及偃从重耳在秦,弗召。怀公执狐突,曰:"子来则免。"对曰:"子之能仕,父教之忠,古之制也。策名委质,贰乃辟也。今臣之子,名在重耳,有年数矣。又召之,教之贰也。父教子贰,何以事君?刑之不滥,君之明也,臣之愿也。淫刑以逞,谁则无罪?臣闻命矣。"乃杀之。

狐突不愿教子以贰,宁死不召,此亦一种道德精神也。

(六) 晋先轸

《左传》僖公三十三年载:

> 文嬴请秦三帅,晋侯释之。先轸朝,问秦囚。公曰:"夫人请之,吾舍之矣。"先轸怒曰:"武夫力而拘诸原,妇人暂而免诸国,堕军实而长寇仇,亡无日矣。"不顾而唾。秋,

狄伐晋,先轸曰:"匹夫逞志于君而无讨,敢不自讨乎?"免胄入狄师,死焉。

此一事,与鬻拳事亦相仿佛。鬻拳先轸皆大臣,所争皆国之大事,其所为争皆一出于公,又所争皆甚是。先轸面君而唾,此特小节有失。然先轸之意,彼以老臣对新君,而有此失礼,虽心固无他,而疑若意存侮嫚。其君容恕之不加罪,而先轸心更不安,乃以死敌自明其心迹。此亦只是自疚内憾,求以获其心之所安,而竟出于一死。则亦不得不谓是极富于道德精神之一种表现也。

(七) 晋狼瞫

《左传》文公二年载:

狼瞫为车右,箕之役,先轸黜之。狼瞫怒,其友曰:"盍死之!"瞫曰:"吾未获死所。"其友曰:"吾与女为难。"瞫曰:"《周志》有之:勇则害上,不登于明堂。死而不义,非勇也。共用之谓勇。吾以勇求右,无勇而黜,亦其所也。谓上不我知,黜而宜,乃知我矣。子姑待之。"及彭衙,既陈,以其属驰秦师,死焉。晋师从之,大败秦师。君子谓:"狼瞫于是乎君子。《诗》曰:'君子如怒,乱庶遄沮。'又曰:'王赫斯怒,爰整其旅。'怒不作乱,而以从师,可谓君子矣。"

狼瞫以勇为车右,先轸黜之,是先轸认狼瞫为无勇也。此不啻蔑视了狼瞫之人格。故狼瞫之怒,实乃一种人格自尊之内心表现,非为失官位而怒也。其驰入秦军而死,乃以表示其真不失为一勇者。此在狼瞫,可谓是一种自我人格之表现,与自我人格之完成。由此而狼瞫内心所受黜辱之耻乃雪。此亦自求我心所安,亦可谓是一种极富于道德精神之行为也。当时君子,批评狼瞫,以为于是可谓之君子。君子正以称富于道德精神之人格者。就此事,可见中国古人之道德观念,毋宁是最富于内心情感者,始克当之。故凡属道德行为,必然有生命,有力量,有情感,有志气。龌龊拘缚,循常袭故,非道德。怒为人生情感中最当戒之事,然使怒而当,正可表显出一种最具力量最富生命之道德行为,如上引两诗已可证。则又何嫌于道德之非人情,与道德之缺生命内力乎?

(八) 邾文公

《左传》文公十三年载:

> 邾文公卜迁于绎。史曰:"利于民,而不利于君。"邾子曰:"苟利于民,孤之利也。天生民而树之君,以利之也。民既利矣,孤必与焉。"左右曰:"命可长也,君何弗为?"邾子曰:"命在养民。死生之短长,时也。民苟利矣,迁也。吉莫如之。"遂迁于绎。五月,邾文公卒。君子曰:"知命。"

此一事,骤视若涉迷信。然实亦一件极富道德精神之故事也。郑文公之意,君职正在利民,既为君,尽君职,中国古人谓此是命,命犹云天职也。今语则称之为义务。惟今人爱以义务与权利对举,而中国古人观念,则人惟当善尽天职耳。尽吾天职,此乃一种不计权利之纯义务性者。郑文公只求尽其为君之天职,只求其可以利民,更不计及私人之一切利害祸福,至于虽死而不顾,故当时君子称之曰知命,此非一种极高的道德精神之表现乎?

(九) 晋鉏麑

《左传》宣公二年载:

> 晋灵公不君,宣子骤谏。公患之,使鉏麑贼之。晨往,寝门辟矣,盛服将朝。尚早,坐而假寐。麑退而叹,言曰:"不忘恭敬,民之主也。贼民之主,不忠。弃君之命,不信。有一于此,不如死也。"触槐而死。

鉏麑乃一力士,其使命乃以行刺。鉏麑衔君命而往,见赵盾侵晨朝服假寐,心为感动,不忍刺之,然又谓君命不可弃,遂触庭槐而死。此亦中国古语所谓发乎情,止乎礼义也。鉏麑之不忍刺赵盾,是其发乎情。然鉏麑又必坚持君命不可弃之义,是其止乎礼义。如是遂造生了一种矛盾的局面。鉏麑之自杀,则亦惟在此矛盾局面下自求心安而已。故亦谓之是一种道德精神也。

(十) 晋解扬

《左传》宣公十五年载：

> 楚围宋,晋使解扬如宋,使无降楚。曰："晋师悉起,将至矣。"郑人囚而献诸楚。楚子厚赂之,使反其言,不许。三而许之。登诸楼车,使呼宋人而告之。遂致其君命。楚子将杀之,使与之言曰："尔既许不谷,而反之,何故？非我无信,女则弃之。速即尔刑。"对曰："臣闻之,君能制命为义,臣能承命为信。载义而行之为利。谋不失利,以卫社稷,民之主也。义无二信,信无二命。君之赂臣,不知命也。受命以出,有死无霣。又可赂乎？臣之许君,以成命也。死而成命,臣之禄也。寡君有信臣,下臣获考死,又何求？"楚子舍之以归。

解扬乃一使臣,使臣之职,在能传达其使命。解扬亦志在尽职耳,死生有所不顾。此即一种道德精神也。

(一一) 齐大史兄弟

《左传》襄公二十五年载：

> 齐崔杼杀景公,大史书曰："崔杼弑其君。"崔子杀之。

其弟嗣书而死者二人。其弟又书,乃舍之。南史氏闻大史尽死,执简以往。闻既书矣,乃还。

史官之职,在据事实书。齐大史不畏强御,直书崔杼弑其君,亦求尽史职而已。乃至于兄死弟继,死者三人,而其弟仍守正不阿。南史氏恐大史兄弟一家尽死,复驰往续书。彼其心中,亦惟知有史职当尽而已,死生一置度外。此等精神,殊堪敬叹。然在当时,齐大史氏兄弟及南史氏姓名皆不传,则似时人亦视之若当然,若无甚大异乎寻常者。或因其时记载阔略,乏人记之。然亦由此可想,此诸人之死,固亦未尝有如后世人自有一种留名不朽之想。而在彼诸人当时之心中,则诚惟有天职当尽之一念而已。生为人,尽人道。守一职,尽职守。为史官,则惟知尽吾史职而已,外此皆可不计。此等精神,亦云伟矣!是又安得不谓其为一种最高之道德精神乎?

(一二) 宋伯姬

《左传》襄公三十年载:

> 甲午,宋大灾,宋伯姬卒,待姆也。君子谓宋共姬女而不妇。女,待人者也。妇,义事也。

《穀梁传》亦载此事,曰:

> 伯姬之舍失火。左右曰："夫人少辟乎！"伯姬曰："妇人之义，傅母不在，宵不下堂。"左右又曰："夫人少辟火乎！"伯姬曰："妇人之义，保母不在，宵不下堂。"遂逮乎火而死。

伯姬嫁宋共公，至此四十年矣。若伯姬十五而嫁，至是亦且五十四岁。伯姬嫁十五年而寡，至是守节已逾三十年。彼以一国之母，年既六十左右，纵无保傅在侧，居舍火而避，此固无何不可。而伯姬拘守礼文，保傅不在，宵不下堂，宁及于难。当时君子谓其女而不妇。盖礼意，保傅不在，宵不下堂者，特为少艾处女辈设耳。抑即是少艾处女，骤值火灾，焚及其屋，纵使不待保傅而走避，实亦无可非议。然伯姬寡居守节，近四十年，彼其平居，殆大小莫非一遵于礼。今已垂老，雅不愿经变失礼，丧其故常。是亦一种人格自尊也。在彼心中，真所谓死生事小，失节事大，夫亦行其一己之心之所安而已。此事纵若不可为训，然本非必欲人人尽如此，乃得谓之是道德也。若必强人人尽如此，则既已成为法律，既已成为风俗。法律风俗之下，无真道德可言。道德则必为其一己之事，必属诸其人一己内心之自由，故道德乃惟以自求己心之所安耳。孔子谓为斯世也善者为乡愿，又谓乡愿者德之贼，正为其立身行事，一依他人之好恶，风尚之从违，而不凭己心为抉择也。狂者进取，狷者有所不为，虽非中道，犹为孔子所取。若宋伯姬，亦可谓是女中狷者。虽其所守，若不足为理想道德之普遍标准。要其事，亦不可谓非极富有一种道德精神之表现也。

（一三）楚伍尚

《左传》昭公二十年载：

> 楚囚伍奢，使召其二子。曰："来，吾免而父。不来，吾杀而父。"棠君尚谓其弟员曰："尔适吴，我将归死。吾知不逮，我能死，尔能报。闻免父之命，不可以莫之奔也。亲戚为戮，不可以莫之报也。奔死免父，孝也。度功而行，仁也。择任而往，知也。知死不辟，勇也。父不可弃，名不可废，尔其勉之！相从为愈。"伍尚遂归。

当伍尚之闻召，云来则免尔父之死。在伍尚，亦未尝不知其语之有诈。然若逆亿其诈而不往，则若父死由我，将终生心不得安。然既心知其诈，而兄弟俱往受戮，父仇不报，心亦终不安。故由己归死，而命弟奔吴，此亦自求其心之所安而已。若兄弟俱往，是不智。兄弟俱不往，是不仁不孝。然一往一不往，楚人仍可有辞责之，曰："曷不兄弟俱来？今既一来一不来，尔父当仍不得免。"盖遇此等事，本无必全之理。则利害是非，有不胜较。智计有所尽，则不得不凭己心之所安为抉择。故孔子罕言利，与命与仁。伍尚兄弟之处境，亦所谓无可奈何者，是命也。尚之与弟谋，一求奔死以免父，一求违命以图报，此皆发乎其心之仁。而事之利否固所不计。抑尚自处以死，而责弟以全身谋报，虽曰吾知不逮，我能死而已，亦可见其爱弟之心焉。斯可谓孝弟两全也。

（一四）晋董安于

《左传》定公十四年载：

> 梁婴父恶董安于，谓知文子曰："不杀安于，使终为政于赵氏，赵氏必得晋国。"文子使告于赵孟，曰："范中行氏虽信为乱，安于则发之，是安于与于谋乱也。晋国有命，始祸者死。荀范二子既伏其罪矣，敢以告。"赵孟患之，安于曰："我死而晋国宁，赵氏定，将焉用生？人谁不死，吾死莫矣。"乃缢而死。

董安于见诬就死，而曰人谁不死，我死而晋国宁，赵氏定，将焉用生。彼其意，盖谓人生惟求于世有贡献。有所贡献于世而死，即为死得其所。人谁不死，此乃中国古人一种甚深达观。一切道德精神，则胥不由此种甚深达观中爆发。宋儒叶水心有言："当春秋时，未有生老病死入士大夫之心，不以聪明寄之佛老，为善者有全力，故多成材。凡人壮不自定，老而自逸，是末世人材也。"今观于董安于之事，洵可证叶氏论史之卓具深识矣。

（一五）晋张柳朔

《左传》哀公五年载：

> 初:范氏之臣王生,恶张柳朔。言诸昭子,(范吉射)使为柏人。昭子曰:"夫非而仇乎?"对曰:"私仇不及公。好不废过,恶不去善,义之经也。臣敢违之?"及范氏出,张柳朔谓其子曰:"尔从主,勉之。我将止死。王生授我矣,吾不可以僭之。"遂死于柏人。

王生与张柳朔相仇,而称誉张柳朔于范吉射,以为柏人宰。及范氏获罪出奔,张柳朔死守柏人以报。此与上引狼瞫死秦师事,可谓迹相反而心相似。狼瞫耻于先轸之不己知,张柳朔恐辱王生之相知。彼二人之死,皆求自全其人格,自求其心之所安。故皆得目之为是一种道德精神之表现也。

(一六) 楚昭王

《左传》哀公六年载:

> 楚子在城父,将救陈。卜战,不吉。卜退,不吉。王曰:"然则死也。再败楚师,不如死。弃盟逃仇,亦不如死。死一也,其死仇乎。"命公子申为王,不可。则命公子结,亦不可。则命公子启,五辞而后许。将战,王有疾。庚寅,昭王攻大冥,卒于城父。是岁也,有云如众赤乌,夹日以飞三日。楚子使问诸周大史,周大史曰:"其当王身乎?若禜之,可移于令尹司马。"王曰:"除腹心之疾而寘诸股肱,何益?不穀不有大过,天其夭诸?有罪受罚,又焉移之?"遂

弗祭。初,昭王有疾,卜曰:"河为祟。"王弗祭。大夫请祭诸郊。王曰:"三代命祀,祭不越望。江汉睢漳,楚之望也。祸福之至,不是过也。不谷虽不德,河非所获罪也。"遂弗祭。

楚昭王之事,可与邾文公后先媲美矣。此叶水心所谓私人之死生祸福,全不入其心中,故得如是。斯其所以表现为一种最高的道德精神也。

(一七) 卫子路

《左传》哀公十五年载:

> 卫乱,季子将入,遇子羔将出。季子曰:"吾姑至焉。"子羔曰:"弗及,不践其难。"季子曰:"食焉不辟其难。"子羔遂出。子路入。及门,公孙敢门焉。曰:"无入为也。"季子曰:"是公孙也?求利焉而逃其难。由不然。利其禄,救其患。"有使者出,乃入。曰:"大子焉用孔悝,虽杀之,必或继之。"且曰:"大子无勇,若燔台半,必舍孔叔。"大子闻之惧,下石乞盂黡敌子路,以戈击之,断缨。子路曰:"君子死,冠不免。"结缨而死。孔子闻卫乱,曰:"柴也其来,由也死矣!"

此事已及春秋之末。子路子羔皆孔子之门人,孔子亦预见此两人之一来一死。然孔子于子路，固未尝深赞许其死。亦未尝深斥怪于子羔之不死。可见所谓道德者，不强人以一律。惟在子路之意，谓利其禄，必救其患，奉此标准以往，有死不顾。此则不得不谓其乃一种极富道德精神之表现也。尤其临死缨断，乃曰君子死，冠不免，结缨而死。不愿临死而有所失礼失态，此种精神，后人以之与曾子之临死易箦并称。亦一种极高道德精神之表现也。

《檀弓》记曾子易箦之事云：

> 曾子寝疾，病。乐正子春坐于床下，曾元曾申坐于足。童子隅坐而执烛。童子曰："华而睆，大夫之箦与？"子春曰："止。"曾子闻之，瞿然曰："呼！"曰："华而睆，大夫之箦与？"曾子曰："然，斯季孙之赐也，我未之能易也。元起易箦！"曾元曰："夫子之病革矣，不可以变。幸而至于旦，请敬易之。"曾子曰："尔之爱我也不如彼。君子之爱人也以德，细人之爱人也以姑息。吾何求哉？吾得正而毙焉，斯已矣。"举扶而易之，反席未安而殁。

曾子在平居，子路临战斗，两人处境不同，然其能临死不苟则一。曾子未尝为大夫，而卧大夫之箦，及其闻童子一言，憬然有悟，恔然有惭，必易箦而后死。此种不苟小节精神，至于临死而不肯苟，是即一种最高之道德精神也。惟《论语》载曾子临终，曰：

> 曾子有疾，召门弟子，曰："启予足，启予手。《诗》云：

> 战战兢兢，如临深渊，如履薄冰。而今而后，吾知免夫！小子。"

则似曾子实未尝有临死易箦事。或《檀弓》所载诚有其事，而《论语》特浑括记之。盖《论语》所谓吾知免夫者，即犹《檀弓》之所谓得正而毙也。盖犹谓至此乃始得为一完人耳。人非至死，终不得为完人。然既毕生瞿瞿，勉求为完人矣，岂可临死而转失之。故子路之临死结缨，曾子之临死易箦，其意皆求为完人耳。惟其毕生意志之所在，故不愿临死俄顷而尚留有些微余憾也。此种精神，则正是人生最高道德精神之表现。然深求之，亦所谓自求一己内心之所安而已，非有他也。此亦不当以是非辨，亦不足以利害较，故谓之为是一种道德精神也。

上举十七事，皆据《左传》记载，借以见春秋时代人道德精神之一斑。此外尚有一事，亦在春秋时代，而不见于《左传》，仅载于《史记》。其事信否不可知，然其事流传中国社会既极普遍，并甚悠久。其深入人心，盖若尤有逾乎上举十七事之上者。兹姑并举如下：

（十八）晋杵臼程婴

《史记·赵世家》载：

> 晋屠岸贾有宠，擅与诸将攻赵氏于下宫，杀赵朔赵同赵括赵婴齐，皆灭其族。赵朔妻，成公姊，有遗腹，走公宫匿。

赵朔客曰公孙杵臼,杵臼谓朔友人程婴曰:"胡不死?"程婴曰:"朔之妇有遗男,若幸而男,吾奉之。即女也,吾徐死耳。"居无何,朔妇免身生男。屠岸贾闻之,索于宫中。夫人置儿绔中,祝曰:"赵宗灭乎,若号。即不灭,若无声。"及索,儿竟无声。已脱,程婴谓公孙杵臼曰:"今一索不得,后必且复索之,奈何?"公孙杵臼曰:"立孤,死,孰难?"程婴曰:"死易,立孤难耳。"公孙杵臼曰:"赵氏先君遇子厚,子强为其难者。吾为其易者,请先死!"乃二人谋,取他人婴儿负之,衣以文葆,匿山中。程婴出,谬谓诸将军曰:"婴不肖,不能立赵孤,谁能与我千金,吾告赵氏孤处。"诸将皆喜,许之。发师随程婴攻公孙杵臼。杵臼谬曰:"小人哉程婴!昔下宫之难不能死,与我谋匿赵氏孤儿,今又卖我。纵不能立,而忍卖之乎?"抱儿呼曰:"天乎!天乎!赵氏孤儿何罪,请活之!独杀杵臼可也。"诸将不许,遂杀杵臼与孤儿。诸将以为赵氏孤儿良已死,皆喜。然赵氏真孤乃反在,程婴卒与匿山中。居十五年,晋景公与韩朔谋立赵孤儿武,诸将反与程婴赵武攻屠岸贾,灭其族。复与赵武田邑如故。及赵武冠成人,程婴谓赵武曰:"昔下宫之难,皆能死,我非不能死,我思立赵氏之后。今赵武既立,为成人,复故位,我将下报赵宣孟与公孙杵臼。"赵武啼泣顿首固请,曰:"武愿苦筋骨以报子至死,而子忍去我死乎?"程婴曰:"不可。彼以我为能成事,故先我死。今我不报,是以我事为不成。"遂自杀。

此事既为《左氏》所不载，又其所载与《左氏》有歧异，后之考史者皆疑其谬。清儒梁玉绳乃谓："匿孤报德，视死如归，乃战国侠士刺客所为。春秋之世，无此风俗。斯事固妄诞不可信，而所谓屠岸贾程婴杵臼，恐亦无其人也。"今按视死如归，如本篇上引十七事皆然，宁得谓春秋世无此风？托孤之事，如晋荀息，即以死报命。至于报德，在春秋时更所常见。纵谓《史记》所载，或属小说家言，其所记晋国君卿关系，及赵氏朔同括婴齐诸人死亡年岁，容可有误。然晋人确有屠岸氏，如里克杀奚齐卓子时，曾令屠岸夷告重耳是也。后之小说家记此，或出传闻，然亦不必即是凭空伪造。一为其易，一为其难，如伍尚之死，伍员之亡，亦其例也。后死者自杀以报先死，如卫急子之继弟寿而死，亦其例。以彼例此，焉得谓春秋时决不能有杵臼程婴其人其事乎？或屠岸贾乃当时嬖宠小臣，或赵武诚如左传所载，非遗腹子，乃以孤童匿宫中，事后避祸，而屠岸贾搜索其踪迹，此固无法断其为决不可有。抑且纵谓其事全出捏造。当知捏造其事者之心中，即已存有此等道德观念与道德精神之想像矣。故捏造亦即是一事实，为考史者所当重视也。春秋事不载于《左传》、《国语》，而散见于战国诸子之传述者众矣，不得尽谓是战国时人所凭空捏造也。史公备存其事，以著于篇，其识卓矣！又乌得轻讥其为好奇之过哉？

刘向《新序·节士》及《说苑·复恩》，皆取此文，特于《新序》评此两人，曰："程婴公孙杵臼，可谓信友厚士矣。"又谓"婴之自杀下报，亦过矣"。是谓程婴可以不死也。孟子曰："可以死，可以无死，死伤勇。"盖后人感前人事，而特为剖论其是非。

然不得因后人所论,遂谓前人所为,无当于道德。盖所谓道德精神者,惟在行其一己之心之所安,本不求人人之尽必如我。亦非谓必其事之能至于易地皆然之境,乃始得谓之为道德也。

以上列举可资表见春秋时代人之道德精神者凡十八事。其地则遍及鲁卫齐宋晋楚邾诸国。其人则有国君。有母后。有诸侯之太子,公子,及卿大夫之子。有大臣元老。有史官。有使臣。有车右勇士。有刺客。有家宰。有贵族之宾友。其间惟子路为孔子门人,余则皆非平居讲道论德之学人也。其事则特就其有关于死生之际者始列焉。因生命为人所最惜,其人至于宁死而不顾,又非逼于外力,而乃特出于其心之所自愿,此则最足以见道德精神之属于人心之内发,而自有其一种不可自已之力量也。

上举诸人,所以宁愿舍其生命,至死不反顾,则皆有一种人生律则焉,在彼心中,自认为万不当逾越者。如邾文公认为人君必以利民为主。如宋伯姬认为女子无傅保在旁,万不当宵夜下堂。如卫急子晋太子申生,楚伍尚,皆认为父命不可违。如鬻拳,先轸,皆认为臣之于君不可无礼。如齐大史兄弟,认为史职必当直书。如解扬钮麑,认为君命不可弃。如狼瞫,认为勇者决不可以犯上作乱。如张柳朔,认为知己必当副其所知,不得相孤负。如子路,认为食人之禄,斯必救其难。如杵臼程婴,认为主恩必报。此等皆非当时所悬法律强其必如此,亦非当时社会风俗迫其不得不如此。而所以必如此者,实纯由于其内心之一种认识,若诚知其非此而不可。乃至于重视此等人生律则,以为其必当遵守,乃更有甚于生命之可宝者,此所以遂成为一种最高的道德精神之表现也。

今试问此等人生律则何由生？当知此既不凭于对上帝之信仰，亦不歆动于死后之祸福。在中国古人观念中，似乎所重乃仅限于当前现实之人生界。如何完成此当前现实之人生，即此若为人生唯一主要事。至于死后如何，则更不置计虑中。此实一种至深邃之人文精神也。苟若越出此人生界，认为冥冥中别有主宰，一切当信从其意志，此即当归属于宗教。或则穷究宇宙，旁窥万有，深思博证，以寻求某种真理，而揭出之以为人生所当守，此种精神，亦不为人文所限，而当归属于哲学与科学。而中国文化之传统精神，则乃偏重于人文界，乃即就于当前现实之人文而建立，而完成。其所凭以建立而完成之者，则仅凭于人心之面对此人文现实之所敏感而自安焉者以为准，此以谓之为一种人文精神也。

至于此等人生律则，为其心之所敏感而自安焉者，其果真为人生所必当遵守而不可或逾之律则与否，则非无可加以讨究之余地，抑且随时有其变通之可能。惟在其当时，彼既深感其当若此，而自认其为不可稍逾，而宁愿恪守，以至于死而不悔，此即是一种至高之道德精神矣。故道德精神，必专限于现实人文界，即是一种人文精神也。此等为同时人所共同尊信之人生律则，用中国传统语说之，则皆是一种礼教也。礼教之在春秋时，其影响人心者，可谓甚深甚厚。然亦可谓必先有此人心，乃始有此礼教之出现。否则，任何人固不能违于人心而凭空建立出此等礼教，以使人至死而不违。亦必本于此等礼教，而以之教忠焉、教孝焉、教信焉、教勇焉、教直焉、教义焉、教人以视死如归，教人以不违其内心之所安焉。于是而有种种之德目。而外界之利害祸福,可以一切不顾。即他人之是非评骘,亦可以弃置不问。惟此即为道德之完成。道德完成,即是其人人格之完成,亦即是其人生命之完成也。盖人生必达于是,乃始为完成其生命之大意义,乃始为善尽其生命之大责任。死生一以贯之,人之死即所以成其生。则于完成道德完成人生之一大观念之下,实无生死之可辨也。由于一己生命之完成,而人类之大生命,亦借之得完成。故当一种道德行为之发乎其人之内心,虽其一时之设心处虑,若仅顾己心,仅为其一己当前作打算,而就其事之影响于人人之心者言,则已不啻为全人类之全生命打算。故此亦谓之人道也。人道者,乃所以完成其人生。死亦人生中一事,生必合于道而生,则死亦必合于道而死。此非死生一以贯之乎。春秋虽为一乱世,而此种精神,则仍是弥漫洋溢,随地随时,随事随人,随所遇而现,此实中国社会重视人文精神之文化传统,至其时,已到达于一种相当高度之境界矣。孔子之教,则亦本于当时社会此等传统之礼教精神而建立,故谓由于中国传统文化而始产生出孔子,不能谓由有孔子而始有中国文化之创始也。

孔子亦自言之,曰:

我非生而知之者,好古,敏以求之者也。

可见孔子之讲学立教,固不从宗教信仰来,亦不从科学证验来,仍不从如西方哲学家之思辨逻辑来。孔子之讲学立教,乃从其对于当时之历史知识,文化传统,多闻多识,反之己心,择善而从，而诚见其宜如此，而深见其必然当如此，而即本此以立教也。故孔子讲学立教之精神，乃确然见其为属于一种人文精神道德精神也。

兹试再举《论语》中孔子之述及人之死生之际者，而逐条略加以阐释，以竟我上述之义。

子曰：朝闻道，夕死可矣。（《里仁》）

如本篇上举之诸事，实皆可谓是一种夕死可矣之精神表现也。孔子特亦于此等已往故事，返就其内心敏感，而深悟人生之道当如此。故孔子此条，仅为一种综括的叙述语，此乃归纳往事中所涵义训而综括述说之。孔子之得此启示，乃得之于其好古敏求，乃得之于其博学多闻，乃得之于孔子当时之历史传统，与夫人文现实，此为孔子讲学立教一段精神之所由异于宗教、科学与哲学，而自有其甚深邃之真实渊源也。故孔子又曰：

吾欲托诸空言，不如见诸行事之深切著明也。

吾侪读《论语》，凡孔子所陈义，亦不当仅以空言求，乃当从孔子以前之历史行事之深切著明处求，则庶可以明孔子所从言之根据耳。

《论语》又曰：

志士仁人，无求生以害仁，有杀身以成仁。（《卫灵公》）

孔子讲学立教之大贡献，端在其就于历史往事所得义训而为之籀出一大原则，指出一切人道核心而举一言以名之曰仁。仁者，乃一切礼教之所从出，所从立之基本也。故孟子曰："仁，人心也。"又曰："仁，人之安宅也。"又曰："人有不忍人之心，而仁不可胜用也。"就孟子语推说孔子仁字，仁即人心，仁即人心所安，仁即不忍人之心之推演引申。大抵《论语》仁字，大义不违此诸端。如本篇上举春秋十八事，此皆一种杀身成仁之往事先例也。此皆有一种不忍人之心，一种自求所安之心，为之主宰，为之决夺。故孔子所谓之志士仁人，无求生以害仁，有杀身以成仁者，此亦一种综括的叙述语，此亦归纳其所知历史往事内涵义训而指说之如此也。故孔子此条，亦从其好古敏求而得，亦从其博学多闻而得。乃得其启示于孔子当时之人文历史与人文现实。而凭其自心之敏感灵觉以直知其如此。在此人文历史人文现实中，则惟有此心可以相通相得，此即孔子之所谓仁。故仁即人道，亦即人德也。

《论语》又曰：

> 微子去之，箕子为之奴，比干谏而死。孔子曰：殷有三仁焉。（《微子》）

此可见或去或为奴或死，皆可以得仁。则人之求仁，固不必尽出于杀身以死之一途。而死与不死，亦非判别人生道德之最高标准。惟仁与不仁，乃为判别人生道德之最高标准也。孟子又曰："仁者，人也。"此亦可谓惟仁者乃得谓之人，故求真实人生者必求仁。是则杀身成仁,即是杀身以完成其人生也。若违离于仁,即不得谓之人。苟既非人,则又何贵于有生?此仍是孔子就于历史昔贤往事而推说之如此,非孔子凭空主张之论也。

《论语》又曰:

> 人之生也直,罔之生也幸而免。(《雍也》)

直者,直道而行,亦即直心而行,即直从其心之所安,此乃人生之所由可贵也。否则飞潜动植,凡百有生,皆知求幸而免。人之有生,又何以异?

《论语》又曰:

> 自古皆有死,民无信不立。(《颜渊》)

生必有死,故仅求免死,则决非真知生人之道者。所谓信,亦即人生一种不可逾越之律则也。人事万变,变之来不可测,人若惟求幸免于死,则一切人尽无可信,而人道终于不立矣。然而人之死则终于不可免,故生人之道不贵于幸而免也。

《论语》又曰:

> 见利思义,见危授命,久要不忘平生之言,亦可以为成人矣。(《宪问》)

有生,乃得成为人,故人道贵于因生以完成其为人耳,不贵仅守其生以惟求夫免死也。即如子路,张柳朔,解扬,皆见危授命也。知见危授命,即知直道而生。孔子此等语,仍是一种综括的叙述语。

《论语》又曰:

笃信好学,守死善道。(《泰伯》)

中国古人非无信,惟所信即在人文界。能笃守其所信,又加之以好学,而严守以至于死,则可以善道矣。生有道,善道即所以善生。惟求幸免于死,非善生也,故亦不以幸免于死为善道。

季路问事鬼神,子曰:"未能事人,焉能事鬼?"曰:"敢问死?"曰:"未知生,焉知死?"(《先进》)

死乃生中所有事,故知所以为生,知所以善我生,即知所以为死,知所以善我死矣。孔子讲学立教,只教人如何为人,如何善我之道以生,不教人学知死后事。此皆所谓死生一贯,天人合一,后世儒家每因此极深推论之。若观本篇上述春秋诸往事,则可以不烦推说,而其义跃然矣。故曰托诸空言,不如著之行事之深切著明也。

曾子曰:士不可不弘毅,任重而道远。仁以为己任,不亦重乎? 死而后已,不亦远乎?(《泰伯》)

儒家言人道重仁字，仁虽内本于此心，然扩其量可以外通广及于全人类。此因人心皆同，无不可以相通相得，故人人无不在我仁之心量中。虽其随感而发，论其迹，若仅限于一人一事，如事父见为孝，事君见为忠，交友见为信，遇事见为义，皆是也。其实则触机应变，孝者不尽于孝，忠者不尽于忠。此即人道也。即如上举鉏麑张柳朔之徒，骤视之，若其人仅亦践一小节而死，于人道无足轻重。然论其心量，此亦孔子所谓仁之一端，其道可以相通相得，广被及于全人类，历千古，经万变，仅有此心随感而应，遇变无方，生人之道，则惟此以为之维系而始得宏大也。故此不当以利害计。一时一事之利害，固何足以较量推说而尽其影响之所及乎？人若能善守此心而死生以之，至于杀身授命，此即一种最高道德精神之表现。惟其扩申之而可以及于全人类，故曾子谓之重。至曾子之所谓远，则极言之，亦仅止于其人之死而已。此更可以见孔门儒家之讲学立教，彻始彻终，纯为一种人道精神，此即谓之为一种道德精神，因其仅限于人生现实中，故以异于宗教之信仰，与夫哲学科学之所探究也。

> 子张曰：士见危致命，见得思义，祭思敬，丧思哀，其可已矣。（《子张》）

子张在孔门，见称为堂堂乎难与并为仁者。然子张所守，亦仅是见危致命，见得思义，祭思敬，丧思哀，其大途辙，则依然是孔门精神也。

根据上列《论语》所载孔子及其门弟子之所讲所教，重道德，一死生，视人生之有死，直如朝之有夕，日之有夜，一若其事固然，无足厝怀虑间。故吃紧为人，惟计如何求仁，如何求道，如何得为完人耳。死则尽人所不免，既所不免，则惟当善为运用，借此以求得完其人生之理想。此种精神，得谓其犹非一种最高之道德精神乎？而当时孔门师弟子，对于此等理论，亦仅若平白直率而言之，似无甚深妙义奥旨，有待于曲折发挥，深细剖揭者。此缘孔门之标宗立教，本非外于此现实人生，而必穷探宇宙鬼神，或深用思辨逻辑，以别出其奇义奥旨，以图说服人，以求人之翻然相从。而特就于此人生现实，本于已往历史行事，而就我心之所感，而综括述说之，以待于人之同具此心者之相通而相得焉。故若仅见其为一种固然与当然。故其所说，亦不期人之信服而终于得人之信服，乃终以大行于后世。故儒家思想，乃得终成其为中国文化传统之一大骨干也。

本文主旨，即在上探孔门教义渊源，以见孔学精神之重在人文历史已往现实，而所谓好古择善，述而不作之深旨，亦可于此窥见其一斑尔。

论春秋时代人之道德精神(下)

余草《论春秋时代人之道德精神》上篇,专举有关于死生之际者为例。然非谓必如是乃见道德精神也。爰续草此篇,以竟我未尽之旨。

春秋时代人之道德精神,亦可谓是一种礼教精神,此已于上篇发其旨。礼贵让,不贵争。权利名位富贵,皆人之所争也,于此而能让,斯不得不谓是一种道德精神之表现。至于能让国让天下,此真人情所难,诚可谓是一种道德精神之至高表现也。中国古史传说,有尧舜之让天下。至于周初,泰伯仲雍,让国王季,而逃之荆蛮。伯夷叔齐,亦以让国见称。此皆中国传统文化中一种道德精神之至高表现。而其事至春秋时,犹不乏其例。兹再逐事列举之如下。

(一) 宋目夷

《左传》僖公八年载:

> 宋公疾，大子兹父固请，曰："目夷长，且仁，君其立之。"公命子鱼，子鱼辞，曰："能以国让，仁孰大焉，臣不及也。且又不顺。"遂走而退。

明年，宋桓公卒，襄公即位，即太子兹父也。子鱼即目夷，乃襄公之庶兄。《左传》是年载：

> 宋襄公即位，以公子目夷为仁，使为左师，以听政。于是宋治。故鱼氏世为左师。

观于是，宋襄公真可谓仁者，贤其兄而让之国，子鱼既固辞不受，即位而复委政焉。兄弟之间，一让一辞，一与一受，相信相爱，曾不见有丝毫之芥蒂。子鱼既为政而宋治，则子鱼诚能者也。宋襄之能继齐桓而争霸，殆即仗子鱼之治国有成。然则宋襄诚能识其兄之贤，让之国而不受，而仍授之以政。在宋襄心中，绝无疑忌猜防之迹，则其让国之诚可见矣。子鱼虽辞国，然不辞政，竭其能以使国治。在其心中，亦绝无避嫌躲闪之迹。此已难能矣。及宋襄为楚执于盂，使子鱼归而君宋，子鱼不复让，即归而君之。楚人释襄公，子鱼复归国，而复其故位。斯二人者，较之伯夷叔齐，若仅就其让国之一节而言，则不徒可相媲美，抑若犹为有胜矣。

（二）曹子臧

《左传》成公十三年载：

> 曹宣公卒于师,曹人使公子负刍守,使公子欣时逆曹伯之丧。秋,负刍杀其大子而自立。诸侯请讨之。晋人以其役之劳,请俟他年。冬,葬曹宣公。既葬,子臧将亡。国人皆将从之。成公乃惧,告罪,且请焉。乃反而致其邑。

今按:晋人率诸侯之师伐秦,曹宣公亦从焉。曹成公即公子负刍,子臧即公子欣时,两人皆曹宣公庶子也。《左传》成公十五年载:

> 会于戚,讨曹成公也。执而归诸京师。诸侯将见子臧于王而立之。子臧辞,曰:"前志有之,曰:圣达节,次守节,下失节。为君,非吾节也。虽不能圣,敢失守乎?"遂逃奔宋。

负刍杀太子自立,子臧义不食其邑。至于诸侯来讨,欲见子臧于王而立之,此固曹人之所愿,亦曹国之利。子臧果立,天下后世,必绝无非之者。然子臧守其节不屈,终避不受,此尤难能也。盖子臧力不能诛负刍,其心有憾焉。今乘诸侯之诛负刍而得国,在子臧之心,必有所不忍。是可谓质直而好义矣。故宁出于让国去家,以逃亡终其身。此亦绝不愿自违其心之所安也。当子臧之世,贪利忘义,子弑其父,臣弑其君,以谋得国者,众矣。子臧之守节,不仅足以愧此辈,殆亦所谓贪夫廉,薄夫敦,懦夫有立志,子臧之节,实可以风千古而常在矣。较之于君曹而曹治,其所贡献于道义与风俗者,深浅大小,何可比量?纵子臧不为此而辞,然而衡量道德之与世运,则于此不可不知也。

（三）吴季札

《左传》襄公十四年载：

> 吴子诸樊既除丧，将立季札。季札辞，曰："曹宣公之卒也，诸侯与曹人不义曹君，将立子臧。子臧去之，遂弗为也。以成曹君。君子曰：能守节。君，义嗣也。谁敢奸君。有国，非吾节也。札虽不才，愿附于子臧以无失节。"固立之，弃其室而耕，乃舍之。

《公羊传》载此事云：

> 谒，余祭，夷昧，与季札，同母者四。季子弱而才，兄弟皆爱之，同欲以为君，季子犹不受。谒请兄弟迭为君而致国乎季子，皆曰诺。故谒也死，余祭立。余祭死，夷昧立。夷昧死，则国宜之季子，季子使而亡焉。僚者，长庶也，即位。阖闾曰："将从先君之命与，则国宜之季子者也。如不从先君之命焉，则我宜立者也。僚恶得为君？"于是使专诸刺僚。

其事在鲁昭公二十七年。《左传》载：

> 吴公子光曰："我，王嗣也。事若克，季子虽至，不吾废也。"遂弑王。季子至，曰："苟先君无废祀，民人无废主。

社稷有奉,国家无倾,乃吾君也。吾谁敢怨?哀死事生,以待天命。非我生乱。立者从之,先人之道也。"复命哭墓,复位而待。

《史记》亦载此事云:

> 寿梦有子四人,季札贤而寿梦欲立之。

是季札之贤,其父其诸兄,皆欲奉国而传焉。其父死,其兄让国而不受。于是彼三兄者,更迭为君,以冀季子之终于得国焉。逮夷昧死,季札适出使于外,其贤声流闻于上国诸夏卿大夫间。诚使季子遄返,吴人必奉以为君无疑。乃季子亡逃不返,俟王僚立乃返。及王僚被弑,季子又适出使。及其返,终守臣节,曰:立者从之,复位以事阖闾。此其高风让德,诚可昭示百世。而观于诸樊兄弟之更迭传国,不传子而传弟,以终希季子之得为吴君,彼其诚心相让之意,亦至难能矣。是盖其远古先人泰伯仲雍之流风余韵,传诵于子孙后祀,犹有未沫者。故亦相感而慕效之耳。至于此下夫差失国,乃在王僚阖闾再传之后,事变之来,何能逆测,固不得以此而责季札之守节而终让也。若使季札立为吴君,亦岂能保其子之必贤?若季札而能保其子之必贤,岂不犹贤于尧舜?故知以后事之祸福,逆绳前人之节义,之非通方之论也。

以上宋子鱼,曹子臧,吴子季札,此三人者,皆一世之名贤。察其才能,实皆经国之长材。诚使得一国而君之,其权大矣,其位高矣。富贵既极,而其功名建白,亦岂不足以歆动一世,永垂千古。而之三子者，淡然若不以经怀，漠然若无感于其心，皆能卓然守节而不变。斯其高标孤光，诚如矗立云表，使后世人望之，若邈然不可攀。而宋襄公及吴诸樊兄弟，既推明手足之贤，复掏掬肺腑以让，其所表现，实亦难能而可贵也。

（四）韩无忌

《左传》襄公七年载：

> 晋韩献子告老，公族穆子有废疾，将立之。辞曰："诗曰：岂不夙夜，谓行多露。又曰：弗躬弗亲，庶民弗信。无忌不才，让其可乎？请立起也。与田苏游而曰好仁。《诗》曰：靖共尔位，好是正直，神之听之，介尔景福。恤民为德，正直为正，正曲为直，参和为仁。如是则神听之，介福降之。立之，不亦可乎？"使宣子朝，遂老。晋侯谓韩无忌仁，使掌公族大夫。

无忌，穆子名。起，宣子名，乃穆子弟。据《左传》成公十八年，无忌与荀家荀会栾黡同为公族大夫，在此七年前。又据《晋语》，晋厉公时，无忌已为公族大夫，则当尤在前。无忌既让位，而晋侯使掌公族大夫。是使无忌为此四人之长也。然则无忌虽自云有废疾，固非不能出身承事。彼其引《诗》弗躬弗亲之语，亦求让之推辞耳。则韩无忌之让其家，固可与曹子臧吴子季札之让国媲美矣。

（五）晋介之推

上述让君位者三事，让卿位者一事。又如晋赵姬让叔隗为嫡妻而己下之，又让嫡子于赵盾而使其三子者下之。又如狐偃让上军于其兄毛，赵衰让卿于栾枝、先轸，春秋时人让德可书者尚多。复有一事，与此若稍不类，而可连类以及者，则为晋介之推之让赏。《左传》僖公二十四年载：

> 晋侯赏从亡者，介之推不言禄，禄亦弗及也。推曰："献公之子九人，唯君在矣。惠怀无亲，外内弃之。天未绝晋，必将有主。主晋祀者，非君而谁。天实置之，而二三子以为己力，不亦诬乎？窃人之财，犹谓之盗，况贪天之功以为己力乎？下义其罪，上赏其奸，上下相蒙，难与处矣。"其母曰："盍亦求之？以死，谁怼？"对曰："尤而效之，罪又甚焉。且出怨言，不食其食。"其母曰："亦使知之，若何？"对曰："言，身之文也。身将隐，焉用文之，是求显也。"其母曰："能如是乎，与汝偕隐。"遂隐而死。晋侯求之不获，以绵上为之田，曰："以志吾过，且旌善人。"

今按：介推之事，传诵中国社会，迄今弗衰。相传寒食禁火，即由介推而起。此与屈原投江，至今端午有角黍竞渡之俗，同见为其人其事之入人心者深，故能蔚成风俗，有如此之广而且久也。然据《左传》，介推特终身隐不复见，晋文公求之不获，遂以绵封为介推之田。《吕氏春秋》亦曰:"负釜盖簦,终身不见"。楚辞《惜往日》乃云:"介子忠而立枯兮,文公寤而追求。"《庄子·盗跖》篇则曰:"介推抱木而燔死。"故《后汉书·周举传》,乃云介推焚骸。《古琴操》亦有介推抱木而死之语。直至近代戏剧,乃有火烧绵山,与杵臼程婴之搜孤救孤,盖同为中国社会所乐于称道,故遂渲染失其本真。顾炎武《日知录》所谓:"瑰奇之行彰,而廉靖之心没。"其语良是。盖此等廉靖之心,其实已是瑰奇之至。俗人不察,增其瑰奇,则转失当事者一番廉靖之心之真实体段也。

尝试论之!中国人之道德精神,就其表显于外者言,固可谓是一种礼教之精神。礼既贵让,不贵争。故国人传统风俗,临事每易主于退让,退让之极即为隐。隐者之所为,可以终身不求人知,抑且终身不为人知,而其内心之所守所信,则耿然炯然,有若可以历千古万古而不昧不失者。此其不与人争,不求人知,确然自信自守以至于隐沦终身而不悔不闷之一段精神,亦即是一种至高之道德精神也。故廉靖之心之至极,其所养所诣,已是瑰奇之至,固不必定以陷于杀身而不顾之乃见为瑰奇也。故余论次春秋时代人之道德精神,先之以杀身成仁,次之以让国让禄,而连带及于终身隐沦自晦之士,亦本此义而论次之也。

又按:关于隐沦自晦之故事,在中国历史传说中,亦已先有其甚深之渊源。如孟子曰:

> 舜发于畎亩之中,傅说举于版筑之间,胶鬲举于鱼盐之中,管夷吾举于士,孙叔敖举于海,百里奚举于市。

此皆千古圣君贤相，豪杰大人。然方其未为人知，则或在畎亩，或业版筑，或鬻鱼盐，或屈身士伍，或蟊居海滨，或混迹市贩。方其时，虽抱奇才，负盛德，然既不为人知，则固何异于庸俗。然虽不为人知，其为有奇才盛德在身，则与其被举之后，纵其大有所表显，而其先后之同为一人，则固无以异也。故就中国人传统观念言，知与不知，若于其身无所益损，而毋宁不为人知，其人若更见瑰奇，更为高出于流俗焉。故曰：盛德若愚，良贾深藏若虚。此既不为人知，抑亦不求人知，而且甚至于务求不为人知焉。故此种故事之传说，与夫此种心理之蕴积，而蔚成为中国社会尚隐自退之风，此亦文化传统之历有传递，决非忽然无故而有此也。故如介之推，虽隐沦终身，绝无事功表白，则又安知其人才德抱负之诚不若舜，若傅说胶鬲，若管孙百里之俦乎？故中国社会风习，重抱负，赏隐沦，其推崇想慕之情，往往不亚于事功之确有所表显者。流传至战国，此等风气达于极盛。道家于尧舜禅让之外，复增出许由卞随务光。齐太公乃周之外戚，而谓其钓于渭滨。此外如申徒狄，鲍焦，越王子搜，颜阖，屠羊说之徒，为当时人所乐道者，何可胜数。一若其人必先有一段隐晦避世之事迹，乃更增其身价。即后世人物如诸葛孔明，方其高卧隆中，自比管乐。若使无刘先主三顾野庐，岂不将以抱膝长吟终其身。然终无害于诸葛之可以比拟管乐也。田畴管宁，其获后人之景仰，亦复何逊于诸葛乎？中国人此等心理，此等观念，尚隐自晦，确然不拔，遂成为中国历史人物中一大类，而其影响于中国文化与历史者，其意义至深且巨，抑且无从估量。而远在春秋以前，已有不少此等人物，此等故事，遥为此一风气之前驱矣。故介推之隐,其自身才德所至,诚以无可展布,因亦无可征信,然终使后人想望其才德于若隐若显中。故曰神龙见首不见尾,一鳞片爪,隐约云中,亦所以想见其为神龙之夭矫也。谅介推之在当时,其终隐之志,亦已先有为之启召而感动其心者,固非无端特起,忽然而有此终身隐沦之一想也。

今试仍本上篇之旨,复杂引《论语》孔门师弟子之言,而略加阐说之如次。

> 子夏曰:吾闻之矣。死生有命,富贵在天。(《颜渊》)

今按:此两语,其垂为中国社会之习熟语,亦既二千五百年于今矣。近人率好言中国文化重现实,不知重现实而能淡于死生富贵,乃所以创成中国文化之深趣也。人之宅心处虑,苟惟以一己之死生富贵为准,则何能有崇高之道德精神之表现?苟非有一种极崇高之道德精神,沦浃浸渍于其间,而徒知重现实,则又何能有此绵历数千载而不衰不竭之文化传统乎?此义尤为读吾文者所当深玩也。本文上篇所述,可谓是死生有命之一观念之具体表现。本文下篇所述,可谓是富贵在天之一观念之具体表现。易言之,此皆不以一己之死生富贵置念虑间,故能有此种崇高之道德精神之表现也。子夏所谓商闻之矣者,苟非闻之于师门,必是闻之于时人之通语,而亦为师门所认许。要之子夏死生有命,富贵在天之两语,仍是一种综括的叙述语,在子夏脱然出口,视若固然,似不烦更为之推阐而说明。此种思想观念之来源,则尤为吾侪今日研究中国古代思想者所必须郑重注意也。

《论语》记孔子述及富贵,无不淡然视之。故曰:

> 富与贵,是人之所欲也。不以其道得之,不处也。贫与贱,是人之所恶也。不以其道得之,不去也。(《里仁》)

又曰:

> 富贵可求也,虽执鞭之士,吾亦为之。如不可求,从吾所好。(《述而》)

又曰:

> 饭疏食,饮水,曲肱而枕之,乐亦在其中矣。不义而富且贵,于我如浮云。(《述而》)

又曰:

> 笃信好学,守死善道。危邦不入,乱邦不居。天下有道则见,无道则隐。邦有道,贫且贱焉,耻也。邦无道,富且贵焉,耻也。(《泰伯》)

孔子此条,乃正式提出一隐字。隐之一字,在中国文化精神中,盖有其莫大之意义焉。若谓人生贵有所表现,隐者,乃一种不表现之表现也。若谓人生贵有所作为,隐者,乃一种无作为之作为也。隐之为德,不惟无动于富贵,抑且不歆于事功。其心超然,一志于道。儒家精神之所凭以拨乱而反治转危而为安者,隐之一义,盖寓有其甚深之机括焉。天下不能无无道之时,居危乱之邦,善道而隐,隐者即所以善吾道。甚至善道而死,死亦所以善吾道也。如是,则虽死而道存,虽隐而道显。道之终于存而显,有时转出于隐之为功。故隐者,亦大仁大智大勇之所为,非苟且不得已而退处于无用者之比也。故孔子亦常有隐志。既曰"余欲无言",无言即大隐也。又曰:"欲居九夷",又曰:"道不行,乘桴浮于海。"居夷浮海,亦大隐也。"暮春者,春服既成,冠者五六人,童子六七人,浴乎沂,风乎舞雩,咏而归。夫子喟然叹曰:吾与点也。"与点之心情,即大隐之心情也。

孔子之称宁武子,曰:

宁武子,邦有道则知,邦无道则愚。其知可及也,其愚不可及也。(《公冶长》)

宁武子之愚,此即退藏于密,无所表现,无所作为,而孔子极称之,以为不可及,此孔子之深赏于居无道之世而能隐也。

孔子之称蘧伯玉,则曰:

君子哉蘧伯玉!邦有道,则仕,邦无道,则可卷而怀之。(《卫灵公》)

卷而怀之者,亦隐也。故孔子之称颜渊,则曰:

> 用之则行,舍之则藏,唯我与尔有是夫。(《述而》)

藏即隐德也。君子之隐,非其空无所有,乃由其能有而不用,卷而怀之之为可贵也。此后唯孟子能发挥其深意,曰"禹稷颜回同道,易地则皆然"。盖禹稷处有道之世,颜回值无道之际耳。季氏使闵子骞为费宰,闵子骞曰:"善为我辞焉。如有复我者,则我必在汶上矣。"则闵子亦能隐。孔子之称仲弓,曰:"雍也可使南面。"然仲弓之在孔门,乃极少言行可见。是仲弓亦能隐。孔门四科,列德行者,惟颜渊闵子骞冉伯牛仲弓。则此四人者,盖身怀言语政事文学之才,而能卷而怀之,藏于不用者也。则孔门之于德行,乃深以能隐者为有德。

隐之为德,必先有不求人知之素养。孔子常言此矣。故曰:

> 人不知而不愠,不亦君子乎。(《学而》)
> 不患人之不己知,患不知人也。(《学而》)
> 不患无位,患所以立。不患莫己知,求为可知也。(《里仁》)
> 不患人之不己知,患其不能也。(《宪问》)
> 君子病无能焉,不病人之不己知也。(《卫灵公》)

孔子教人不患人之不己知,可谓反复申言,而不惮烦之至矣。故曰:

> 莫我知也夫!不怨天,不尤人,下学而上达,知我者其天乎。(《宪问》)

孔子虽曰"知其不可而为之",又曰"吾非斯人之徒与而谁与"。然孔子终其身而有莫己知之叹,有知我者其天乎之叹。是孔子实无异乎终其身而大隐也。故道高德邃而至于莫我知,而吾心不以为愠,此尤隐德之最高深致也。此种精神,则岂得不谓之是一种最高之道德精神乎?

孔子又曰:

> 见善如不及,见不善如探汤,吾见其人矣,吾闻其语矣。隐居以求其志,行义以达其道,吾闻其语矣,未见其人也。(《季氏》)

此尤孔子之深赞赏夫能隐也。就此条言之,隐居亦即所以行义,行义亦可出于隐居。求志之与达道,二者亦一以贯之矣。若果以隐居与行义,求志与达道,必分作两事,谓于行义之外,别有隐居之安,达道之外,别有求志之业,此则不明夫孔门之所言隐矣。

故孔子于古代与当世之隐士逸民,皆所称赏。尝叹曰:

> 作者七人矣。(《宪问》)

又曰:

> 贤者辟世,其次辟地,其次辟色,其次辟言。(《宪问》)

而《论语·微子》一篇,尤为有天风飘渺,白云邈然之致。盖《微

子》一篇,皆所以深赏于隐之为德也。故曰:

> 逸民,伯夷叔齐,虞仲夷逸,朱张柳下惠少连。子曰:不降其志,不辱其身,伯夷叔齐与。谓柳下惠少连,降志辱身矣,言中伦,行中虑,其斯而已矣。谓虞仲夷逸,隐居放言,身中清,废中权。我则异于是,无可无不可。(《微子》)

此孔子评骘古今隐德,有此三品也。伯夷叔齐,实为隐德之最高尚者。柳下惠少连次之,以其不能辟世辟地也。虞仲夷逸,辟世辟地而放言,斯能隐而非义之至,非道之无可疵也,后世如庄周,其殆虞仲夷逸之俦乎?

> 子贡问曰:伯夷叔齐何人也?曰:古之贤人也。曰:怨乎?曰:求仁而得仁,又何怨。(《述而》)

是孔子之深赏夫伯夷叔齐者,乃赏其能仁。隐居求志,即求仁也。行义达道,亦即以达仁也。若不务求仁而徒隐,若徒隐而不能达其仁,斯则非孔门所言之隐矣。故曰:

> 微子去之,箕子为之奴,比干谏而死,孔子曰:殷有三仁焉。(《微子》)

微子之去,即隐也。微子之隐,与比干之死谏,箕子之为奴,其为仁则一。故大隐之与杀身,皆可以成仁焉。成仁斯即达道矣。

孔子又曰：

> 伯夷叔齐，饿于首阳之下，民到于今称之。（《季氏》）

夫曰民到于今称之者，斯即道之终不可隐，而伯夷叔齐之终为大仁，可知矣。

孔子既深赏夫隐德，故亦极推乎让道。人非善让，亦不能隐也。隐之与让，其迹若异，其德则一。故孔子又深赞于泰伯，曰：

> 泰伯其可谓至德也已矣。三以天下让，民无得而称焉。（《泰伯》）

此所谓民无得而称者，非谓其没世而名不称，乃谓其既让天下，乃无事功建白可以见称于民也。不知纵无事功建白，而其大德之所昭示影响于后世，则有遥胜于事功建白之有迹可指者。故孔子既许管仲以仁，亦许伯夷叔齐以仁也。

孔子又极称尧，曰：

> 大哉！尧之为君也。巍巍乎！惟天为大，惟尧则之。荡荡乎！民无能名焉。巍巍乎！其有成功也。焕乎！其有文章。（《泰伯》）

此所谓民无能名，即犹泰伯之民无得而称也。泰伯以天下让，不在其位，不谋其政，其无事功建白，使民无得而称，则固宜矣。尧身为天子,居于有天下之位,而亦使其民无能名焉,则何也。盖尧能选贤善任,如舜、如禹、如稷,三子者之成功,则皆尧之成功也。三子者之有文章,则皆尧之文章也。故曰惟天为大,惟尧则之。此所谓"天何言哉,四时行焉,百物生焉"。天不自为,亦不自居功也。然则尧之所以为大,尚不在其以天子之位让于舜,此则有迹可指。而在其身居天子之位,而已以一切事功建白让之于舜矣。此尤无迹可指,乃以为盛德之至也。故尧之为君,其事显,人知之。尧之无事功建白,而实当时之事功建白一切由于尧,则其事隐。尧之为君而民无能名,此即莫己知也。此即尧之大隐之德之所蕴,亦即尧之大仁之道之所达也。孔子心中,实以尧为法则焉。孔子虽终其身栖栖遑遑,道不行于世。而孔子之道终以大明于后世。若以当世之事功建白绳孔子,孔子亦无何事功建白也。孔子曰:"我久矣不复梦见周公,"孔子不得法周公,乃犹有尧可法。故孔子曰:"道之不行,我知之矣。"然则道之不行于当世,而终行于后代,孔子之所建白,在当时固不为人知,亦无可求人知。而知孔子者推之,谓其贤于尧舜远矣,岂不然哉。吾人必明乎此,乃可以与论夫孔门之言隐矣。

孔子又极推舜与禹,曰:

> 巍巍乎!舜禹之有天下也,而不与焉。(《泰伯》)

此孔子深阐乎舜禹当日之心境也。尧以天下让舜,舜以天下让禹。舜受尧之天下,禹受舜之天下,在舜禹之心中,方其受天下而有之，不自感其有天下也。舜禹之有事功建白，亦不自感其有事功建白也。故曰：有天下而不与。后世有宋程子明道阐其说，曰："尧舜事业，亦只如太虚中一点浮云过目。"此非谓尧舜事业，在他人视之，可以当作如太虚中一点浮云过目也。若其人如此，斯其人，必为不仁无知之归矣。程子之意，乃谓在尧舜心中，其有天下，其有事功建白，则只如太虚中一点浮云过目也。此种心境，真所谓人莫我知，知我者其天乎。在真能有此心境者，亦决不求人知也。故大隐之与大仁，在儒家精神中，实可一以贯之而无二。则让天下不见其为让天下，受天下亦不见其为受天下，亦曰求仁而得仁斯已耳。

如上文所阐发，后世庄周老聃之言，殆有得于孔门尊让重隐之一端。而杀身成仁，舍生取义，墨氏则有得于孔门积极进取之一端也。墨近于狂，道近于狷。孔子则尚中道。隐居以求志，有天下而不与，此道家庄周老聃之所尚，而孔子则曰，我则异于是，无可无不可。此孔子精神之所以为大，所谓道大而莫能知，盖孔子之为隐，固远过于庄周老聃之为隐矣。

儒家经典论此进退隐显之义最明备者，《孟子》之外独有《周易》，以《易传》成书已出老庄后，故于孔门此义独能推阐之明备也。《乾·文言》曰：

> 亢之为言也，知进而不知退，知存而不知亡，知得而不知丧。其惟圣人乎！知进退存亡而不失其正者，其惟圣人乎！

墨家殆所谓知进存得而不知退亡丧者也。惟《易》之为书,主于吉凶祸福之趋避,故每偏于退,多所不为,少所必为。虽曰"天行健,君子以自强不息",而杀身舍生,终非《易》之所尚。故论《易》之大体,实偏近于庄老也。《乾》之初九,潜龙勿用,《文言》曰:

> 子曰:龙德而隐者也。不易乎世,不成乎名,遁世无闷,不见是而无闷,乐则行之,忧则违之,确乎其不可拔,潜龙也。

《坤》之《文言》曰:

> 天地闭,贤人隐。易曰:括囊,无咎无誉,盖言谨也。

《否》之《象》曰:

> 天地不交,否,君子以俭德解难,不可荣以禄。

《随》之《彖》曰:

> 随时之义大矣哉。

其《象》曰:

随:君子以向晦入宴息。

《蛊》之上九,曰:

不事王侯,高尚其事。

按:《象》曰:不事王侯,志可则也。疑高尚其事当作高志其志。涉上义事字讹。《剥之彖》曰:

君子尚消息盈虚,天行也。

《遁》之《象》曰:

遁之时义大矣哉。

《蹇》之《象》曰:

蹇,难也。险在前也。见险而能止,知矣哉。蹇之时用大矣哉。

凡此,大抵皆出孔子以后人语。惟《蛊》之上九,既已有不事王侯之辞,则隐遁之义,固已远有所起,不起于孔门之后矣。惟《易》言否泰剥复,贞下起元,则隐遁之义,若偏重于社会气运之斡旋与效用,而道德精神之内蕴,则转为之掩抑而不彰。此

《易》义之所以为更近于道家，而微远于儒义也。然《周易》六十四卦，显是早在孔门之前。故知孔子之学，于中国传统文化之多所承宣阐扬，而非尽出于孔子一人之所特创也。

此稿成于一九五七年，刊载于
是年二月《新亚学报》二卷二期

出 版 说 明

《中国学术思想史论丛》三编八册,共119篇,汇集了作者从学六十余年来讨论中国历代学术思想而未收入各专著的单篇散论,为作者1976—1979年时自编。上编(一—二册)自上古至先秦,中编(三—四册)自两汉至隋唐五代,下编(五—八册)自两宋迄晚清民国。全书探源溯流,阐幽发微,颇多学术创辟,系统而真切地勾勒了中国几千年学术思想之脉络全景。

本书由台湾东大图书公司于1976—1980年陆续印行。三联简体字版以东大初版本为底本,基本保留作者行文原貌,只对书中所引文献名加书名号,并改正了少量误植之错讹。

三联书店编辑部
二零零九年三月

钱穆作品系列
（二十四种）

《孔子传》

本书综合司马迁以下各家考订所得，重为孔子作传。其最大宗旨，乃在孔子之为人，即其自述所谓"学不厌、教不倦"者，而以寻求孔子毕生为学之日进无疆、与其教育事业之博大深微为主要中心，而政治事业次之。故本书所采材料亦以《论语》为主。

《论语新解》

钱穆先生为文史大家，尤对孔子与儒家思想精研甚深甚切。本书乃汇集前人对《论语》的注疏、集解，力求融会贯通、"一以贯之"，再加上自己的理解予以重新阐释，实为阅读和研究《论语》之入门书和必读书。

《庄老通辨》

《老子》书之作者及成书年代，为历来中国思想学术界一大"悬案"。本书作者本着孟子所谓"求知其人，而追论其世"之意旨，梳理了道家思想乃至先秦思想史中各家各派之相互影响、传承与辩驳关系，言之成理、证据凿凿地推论出《老子》书应尚在《庄子》后。

《庄子纂笺》

本书为作者对古今上百家《庄子》注释的编辑汇要，"斟酌选择调和决夺，得一妥适之正解"，因此，非传统意义上的"集注"或"集释"，而是通过对历代注释的取舍体现了作者对《庄子》在"义理、考据、辞章"方面的理解。

《朱子学提纲》

钱穆先生于1969年撰成百万言巨著《朱子新学案》，"因念牵涉太广，篇幅过巨，于70年初夏特撰《提纲》一篇，撮述书中要旨，并推广及于全部中国学术史。上自孔子，下迄清末，二千五百年中之儒学流变，旁及百家众说之杂出，以见朱子学术承先启后之意义价值所在。"本书条理清晰、深入浅出，实为研究和阅读朱子学之入门。

《宋代理学三书随劄》

本书为作者对宋代理学三书——元代刘因所编《朱子四书集义精要》、周濂溪《通书》及朱熹、吕东莱编《近思录》——所做的读书劄记，以发挥理学家之共同要义为主，简明扼要地辨析了宋代理学对传统孔孟儒家思想的阐释、继承和发展。

《中国思想通俗讲话》

本书意在指出目前中国社会人人习用普遍流行的几许概念与名词——如道理、性命、德行、气运等的内在涵义、流变沿革，及其相互会通之点，并由此上溯全部中国思想史，描述出中国传统思想一大轮廓。

《现代中国学术论衡》

本书对近现代中国学术的新门类如宗教、哲学、科学、心理学、史学、考古学、教育学、政治学、社会学、文学、艺术、音乐等作了简要的概评,既从中西比照的角度,指出了"中国重和合会通,西方重分别独立"这一中西学术乃至思想文化之根本区别,又将各现代学术还诸旧传统,指出其本属相通及互有得失处,使见出"中西新旧有其异,亦有其同,仍可会通求之"。

《中国学术思想史论丛》

共三编八册,汇集了作者六十年来讨论中国历代学术思想而未收入各专著的单篇散论,为作者1976—79年时自编。上编(1—2册)自上古至先秦,中编(3—4册)自两汉至隋唐五代,下编(5—8册)自两宋迄晚清民国。全书探源溯流,阐幽发微,颇多学术创辟,系统而真切地勾勒了中国几千年学术思想之脉络全景。

《黄帝》

华夏文明的创始人;黄帝、尧舜禹汤、文武周公,他们的事迹虽茫昧不明,有关他们的传说却并非神话,其中充满着古人的基本精神。本书即是讲述他们的故事,虽非信史,然中国上古史真相,庶可于此诸故事中一窥究竟。

《秦汉史》

本书为作者于1931年所撰写之讲义,上自秦人一统之局,下至王莽之新政,为一尚未完编之断代史。作者秉其一贯高屋建瓴、融会贯通的史学要旨,深入浅出地梳理了秦汉两代的政治、经济、学术和文化,指呈了中国历史上这一辉煌时期的精要所在。

《国史新论》

本书作者"旨求通俗,义取综合",从中国的社会文化演变、传统的政治教育制度等多个侧面,融古今、贯诸端,对中国几千年历史之特质、症结、演变及对当今社会现实的巨大影响,作了高屋建瓴、深入浅出的精彩剖析。

《古史地理论丛》

本书汇集考论古代历史地理的二十余篇文章。作者以通儒精神将地名学、史学、政治经济、人文及民族学融为一体,辨析异地同名的历史现象,探究古代部族迁徙之迹,进而说明中国历史上各地经济、政治、人文演进的古今变迁。

《中国历代政治得失》

本书分别就中国汉、唐、宋、明、清五代的政府组织、百官职权、考试监察、财政赋税、兵役义务等种种政治制度作了提要钩玄的概观与比照,叙述因革演变,指陈利害得失,实不失为一部简明的"中国政治制度史"。

《中国历史研究法》

本书从通史和文化史的总题及政治史、社会史、经济史、学术史、历史人物、历史地理等6个分题言简意赅地论述了中国历史研究的大意与方法。实为作者此后30年史学见解之本源所在,亦可视为作者对中国史学大纲要义的简要叙述。

《中国史学名著》

本书为一本简明的史学史著作,扼要介绍了从《尚书》到《文史通义》的数部中国史学名著。作者从学科史的角度,提纲挈领地勾勒了中国史学的发生、发展、特征和存在的问题,并从中西史学的比照中见出中国史学乃至中国思想和学术的精神与大义。

《中国史学发微》

本书汇集作者有关中国历史、史学和中国文化精神等方面的演讲与杂论,既对中国史学之本体、中国历史之精神,乃至中国文化要义、中国教育思想史等均做了高屋建瓴、体大思精的概论;又融会贯通地对中国史学中的"文与质"、中国历史人物、历史与人生等具体而微的方面做了细致而体贴的发疏。

《湖上闲思录》

充满闲思与玄想的哲学小品,分别就人类精神和文化领域诸多或具体或抽象的相对命题,如情与欲、理与气、善与恶等作了灵动、细腻而深刻的分析与阐发,从二元对立的视角思索了人类存在的基本问题。

《文化与教育》

本书乃汇集作者关于中国文化与教育诸问题的专论和演讲词而成,作者以其对中国文化精深闳大之体悟,揭示中西传统与路线之差异,指明中国文化现代转向之途径,并以教育实施之弊端及其改革为特别关心所在,寻求民族健康发育之正途。

《人生十论》

本书汇集了作者讨论人生问题的三次讲演,一为"人生十论",一为"人生三步骤",一为"中国人生哲学"。作者从中国传统文化入手,征诸当今潮流风气,探讨"心"、"我"、"自由"、"命"、"道"等终极问题,而不离人生日常态度,启发读者追溯本民族文化传统的根源,思考中国人在现代社会安身立命的根本。

《中国文学论丛》

作者为文史大家,其谈文学,多从文化思想入手,注重高屋建瓴、融会贯通。本书上起诗三百,下及近代新文学,有考订,有批评。会通读之,则见出中国一部文学演进史;而中国文学之特性,及各时代各体各家之高下得失之描述,亦见出作者之会心及评判标准。

《新亚遗铎》

1949年钱穆南下香港创立新亚书院。本书汇集其主政新亚书院之十五年中对学生之讲演及文稿,鼓励青年立志,提倡为学、做人并重,讲述传统文化之精要,阐述大学教育之宗旨,体现其矢志不渝且终身实践的教育思想。

《晚学盲言》

本书是作者晚年"目盲不能视人"的情况下,由口诵耳听一字一句修改订定。终迄时已92岁高龄。全书分上、中、下三部,一为宇宙天地自然之部,次为政治社会人文之部,三为德性行为修养之部。虽篇各一义,而相贯相承,主旨为讨论中西方文化传统之异同。

《八十忆双亲　师友杂忆》

作者八十高龄后对双亲及师友等的回忆文字,情致款款,令人慨叹。读者不仅由此得见钱穆一生的求学、著述与为人,亦能略窥现代学术概貌之一斑。有心的读者更能从此书感受到20世纪"国家社会家庭风气人物思想学术一切之变"。